Arena-Taschenbuch
Band 51056

Stärker als die geballte Faust
ist die ausgestreckte Hand.

*Stefan Gemmel*

Ein ganz besonderer Dank gilt den Teilnehmern des Antigewalt-Trainings, das von Uwe Zissener und Thomas Konschak sowie der Cotrainerin Sandra Kappes geleitet wurde und das der Autor Stefan Gemmel ein ganzes Jahr lang begleiten durfte. Aus den Erfahrungen, den Berichten und den Erlebnissen innerhalb dieses AGTs entstand dieser Roman.

Beiden Autoren dieses Buches ist klar: Ohne die offenen und ehrlichen Aussagen der AGT-Teilnehmer und ohne ihre entgegenkommende, auf gegenseitigem Interesse beruhende Unterstützung wäre dieses Buchprojekt nicht denkbar gewesen.

Daher sagen die Autoren Stefan Gemmel und Uwe Zissener diesen jungen Erwachsenen von ganzem Herzen »Danke«:

Dominik H., Sebastian M., Gzim D., Dirk A., Kevin R., Marvin P., Özgür D., Tim W.

**Stefan Gemmel**, Jahrgang 1970, ist einer der erfolgreichsten
Kinder- und Jugendbuchautoren im deutschsprachigen Raum.
Der Leseweltrekordler 2012 und 2015 wurde für seine herausragenden
Autorenlesungen und sein Engagement in Sachen Leseförderung als
Lesekünstler des deutschen Buchhandels und mit dem Bundesverdienstkreuz
ausgezeichnet. Mit seiner Familie lebt er in Lehmen an der Mosel.
www.gemmel-buecher.de

**Uwe Zissener**, Jahrgang 1966, Dipl.-Sozialarbeiter (FH),
Erlebnispädagoge, Mediator und AGT-Trainer/CT, arbeitet seit 1995
in der Gewaltprävention und seit 2003 als Antigewalt-Trainer. Seit
2005 ist er freiberuflicher Referent und Trainer für Sozialkompetenztraining,
Gewaltprävention (AGT), Konflikt- und Kommunikationsmanagement.
Er lebt mit seiner Familie in Vallendar bei Koblenz.
www.sOLe-trainings-tools.de

Stefan Gemmel · Uwe Zissener

# BEFREIUNGSSCHLAG

## Der Weg aus der Gewalt

Der Roman »Befreiungsschlag« wurde 2016 mit dem
Martha-Saalfeld-Förderpreis des Landes Rheinland-Pfalz ausgezeichnet.

Zu diesem Titel stehen Unterrichtserarbeitungen zum kostenlosen
Download zur Verfügung.

FSC
www.fsc.org
MIX
Papier | Fördert
gute Waldnutzung
FSC® C110508

3. Auflage im Arena-Taschenbuch 2024
© 2017 Arena Verlag GmbH
Rottendorfer Straße 16, 97074 Würzburg
Dieses Werk wurde vermittelt durch die Literarische Agentur Castle/
Gate Agency, Schriesheim, www.castlegate-agency.com
Alle Rechte vorbehalten
Umschlaggestaltung: Carla Nagel unter Verwendung von Bildmaterial von
Shutterstock/aslysun 134632226; 123RF Corporate/sharpshutter 25106460
Umschlagtypografie: Sibylle Bader
Gesamtherstellung: Westermann Druck Zwickau GmbH
ISSN 0518-4002
ISBN 978-3-401-51056-9

Besuche uns unter:
*www.arena-verlag.de*
*www.twitter.com/arenaverlag*
*www.facebook.com/arenaverlagfans*

# 1

Das leise Quietschen gehörte für Maik zum Frühlingsanfang wie der Duft von frischen Blumen oder die Rückkehr der Zugvögel. Jedes Jahr nach dem Winter ließ sich das Tor zu Großvaters Schrebergarten nur mit einem lauten Quietschen öffnen. Maik lachte. So wusste er immer schon, was er als Erstes zu tun hatte.

»He, mein Freund«, erklang es aus dem Schuppen. »Hörst du? Das Tor schreit schon nach dir und einem Tropfen Öl.«

Maik schloss das Tor mit einem erneuten Quietschton. »Klar, Großvater«, gab er zur Antwort. »Ich kümmere mich gleich darum.« Schon wollte er sich auf den Weg in den Schuppen machen, als er abgelenkt wurde. Zöpfe. Zwei dunkelbraune Zöpfe, die wie verspielt am Gartenzaun vorbeihüpften.

Julia!

Maik konnte seinen Blick nicht abwenden. Und das nicht nur wegen der Zöpfe. Nein, diese Julia, sie besaß so viele besondere Dinge, die Maik jeden Tag in ihrer Klasse neu entdecken durfte: das winzige Grübchen neben dem rechten Auge, wenn sie lachte. Die beiden nebeneinanderliegenden Sommersprossen, die selbst im Winter nicht verschwanden. Und die beiden abgekauten Nägel an ihren Daumen. An den anderen Fingern kaute sie nie. Bloß an ihren Daumen. Und das auch nur, wenn sie gleich an die Tafel musste oder wenn sie einen Teil der Hausaufgaben vergessen hatte.

Maik beobachtete sie gern und wünschte sich, dass sie

sich mal zu ihm umblickte. Und er war sich sicher, dass sie es noch nie bemerkt hatte.

Plötzlich wurde er aus seiner Träumerei gerissen: »Bitte erheben Sie sich!«, tönte es in Maiks Gedanken. Und er stutzte: Diese Stimme gehörte nicht seinem Großvater und auch nicht Julia. Diese Stimme, sie kam nicht aus seinen Gedanken und aus seiner Erinnerung. Nein, sie kam ...

Mit einem Mal wurde Maik wieder bewusst, wo er sich gerade befand.

»Im Namen des Volkes ergeht folgendes Urteil: Der Angeklagte erhält ein Jahr, sechs Monate auf drei Jahre Bewährung. Darüber hinaus werden ihm achtzig Sozialstunden auferlegt und die Teilnahme an einem Antigewalt-Training. Die Strafe wird so hoch angesetzt, weil das Gericht eine klare schädliche Neigung bei dem Angeklagten erkennt. Er zeigte weder Reue noch ...«

Aus den Augenwinkeln heraus erkannte Maik, wie sein Verteidiger neben ihm zusammenzuckte. Er selbst stand völlig ungerührt an seinem Platz. Die Worte der Richterin zogen an ihm vorbei. So wie früher die immer wiederkehrenden Sprüche seiner Lehrer oder heute die Pädagogen in der sinnlosen Berufsförderungsmaßnahme und natürlich auch die seiner Mutter und seines Großvaters. Er grinste. Ja, genau so klang die Stimme der Richterin: trocken, langweilig monoton.

Von seinem Verteidiger erhielt er einen Stoß in die Rippen. »Hör auf zu grinsen!«, zischte er ihm zu.

Maik tat ihm den Gefallen. Er versuchte, ein interessiertes Gesicht zu machen, doch es fiel ihm schwer. Das, was da vorn am Richtertisch gesprochen wurde, wollte er gar nicht hören. Das kam von Leuten, die keine Ahnung von seinem Leben hatten.

Er blickte auf die Uhr. Lange würde das Ganze hier nicht mehr dauern. Vielleicht konnte er sich noch einmal in seine Erinnerungen stürzen, in die Szenen seiner Kindheit: das quietschende Tor, die Blumen in Großvaters Garten. Julia. Eine kleine Flucht aus diesem erdrückenden Saal. Aber nur kurz. Denn gleich würde diese Richterin wohl ihr dummes Gelaber beenden und Maik käme endlich raus.

Und darauf kam es doch letztendlich an: Raus hier!

## 2

Und, wie ist es gelaufen?«

Die Tür war noch nicht ins Schloss gefallen, als seine Mutter bereits die erste Frage stellte. Doch bevor Maik antworten konnte, redete sie schon weiter: »Hätte bestimmt besser ausgesehen, wenn ich dabei gewesen wäre. Hab meinen Chef heute Morgen noch mal gefragt, ob ich nicht wenigstens die zwei Stunden freibekommen könnte. Doch er meinte, dass ich ihm dafür einen triftigen Grund nennen müsste. Na ja, und ...« Jetzt sah sie Maik an. »Was hätte ich ihm denn ...?«

Maik hörte gar nicht hin. Seine Blicke ruhten auf der Einkaufstasche, die seine Mutter gerade auf dem Küchenstuhl abgesetzt hatte und aus der langstielige Kohlblätter herausschauten. Kohl! Ausgerechnet. Maik drehte sich der Magen um. Gleich würde die ganze Bude wieder nach Gemüse stinken. Er hasste alles, was ...

»Hörst du mir überhaupt zu?« Die schrille Stimme seiner Mutter riss ihn aus den Gedanken.

»Was ...? Ja klar. Ich ... Alles gut gelaufen. Bin gut davongekommen.«

Sie seufzte. »Gut davongekommen. Was heißt denn das? Nun mach doch mal den Schnabel auf. Und lass dir nicht alles aus der Nase ziehen.«

Maik dachte an die Richterin, Frau Tünsch. Oder wie alle sie nannten: Lynch! Der Begriff Lynchjustiz hatte unter den Jugendlichen eine ganz eigene Bedeutung. »Sozialstunden gab's. Nichts weiter.«

»Wirklich? Sonst nichts?« Sie sah ihn überrascht an. »Nach dieser heftigen Aktion gab es nur Sozialstunden?«

Er merkte ihr an, dass sie ihm nicht glaubte. Er kannte diesen Blick, diese Angst vor seinen Wutausbrüchen, wenn er sich angegriffen fühlte.

»Wie viele Sozialstunden sind es denn?«

»Achtzig«, antwortete Maik knapp und wunderte sich, dass er sich daran erinnerte. Womöglich hatte er sich das Gelaber von der Lynch doch angehört.

Die Mutter griff nach der Tasche und fischte den Kohl heraus. Sie blickte Maik nicht an, während sie fast tonlos fragte: »Wie willst du das jetzt laufen lassen?«

Maik drehte sich auf dem Stuhl herum. Was für eine beschissene Frage! Darum ging es ihr doch gar nicht. In Wahrheit fragte sie doch, ob er sich wieder um die Sozialstunden drücken würde, so wie bisher. Das dachten sie doch alle von ihm. Die Richterin, der Verteidiger, die Pädagogen in der Maßnahme, seine Mutter, sein Großvater. Sie alle hatten das gleiche Bild von ihm: Maik, der ewig Mist baute und sich dann vor den Konsequenzen drückte. Maik, der nichts Vernünftiges auf die Reihe brachte. Um seine Mutter nicht anzufahren, sagte er lieber gar nichts.

Natürlich hatte er nicht vor, diese Sozialstunden abzuleisten. Und auf dieses – wie nannte die Lynch das noch – Antigewalt-Training hatte er auch keinen Bock. Er wusste zwar nicht, was das war, aber sicherlich wieder nur so pädagogisches schwachsinniges Gelaber. Was hatte das mit ihm zu tun? Was sollte der Scheiß bringen?

»Nun?«, hakte sie nach. »Wirst du die Stunden machen?«

Maik sprang von seinem Stuhl auf. »Klar. Wieso denn nicht? Was ist 'n das für 'ne Frage?«

Er ging in den Flur und schnappte sich seine Jacke.

»Du gehst weg?«, rief sie ihm nach. »Ich dachte, wir könnten mal reden. Ich wollte heute Abend für uns kochen und dachte, wir setzen uns mal zusammen. Viel Zeit hatten wir ja nicht füreinander.«

Maik ließ die Tür hinter sich zufallen. Sprechen uns mal richtig aus? Zeit füreinander? Was sollte das denn! Mutter-Sohn-Abende, wie er so etwas hasste!

In seinen Gedanken klang sie schon wie die Lynch: »Ich verdonnere dich zu achtzig Stunden Kohlgemüse und einem Antischweig-Training.« Er grinste in sich hinein. Das war Schwachsinn. Das hatte nichts mit ihm zu tun.

Nicht mit ihm.

Zum ersten Mal an diesem Tag besserte sich seine Stimmung, als er in der Ferne die Silhouetten seiner Freunde auftauchen sah. Gegen das Licht der untergehenden Sonne wirkten sie beinahe wie ein Denkmal, dort auf den Treppen des alten Sportplatzes. Ein Denkmal der Freundschaft und des Respekts voreinander. Woher kamen denn solche Gedanken? Doch je mehr er darüber nachdachte, desto richtiger erschien ihm dieser Einfall: Respekt. Freundschaft. Davon hatte die Gerichtstante heute Morgen nicht gesprochen. Und seine Mutter auch nicht. Keiner in seiner Familie sprach davon. Sie hatten keine Ahnung von seiner Welt. Und doch glaubten sie, ihm Vorschriften machen zu können. Seine Clique hielt zu ihm, so wie neulich, als Maik von einem Ultra-Fußballfan angepöbelt worden war. In Sekundenschnelle hatten sie um ihn gestanden und der Typ war kleinlaut abgezogen. Natürlich hatte Maik dafür eine Runde Bier spendiert. Aber niemand hatte ein Wort darüber verloren. So lief das eben bei ihnen. Zumindest bei den meisten von ihnen.

»Hey, seht mal, wer da kommt!« Alex' Stimme war ein echter Wohlklang, mit Alex hatte er schon eine Menge Scheiße gebaut, aber Alex kannte Maik und wusste, wann es zu viel war oder wann man aufhören musste. Maik spürte, wie sich die Anspannung löste, als er vor seine Freunde trat.

»Tach auch!«

Julia sprang auf ihn zu. »Na, wie war's?«, fragte sie hastig und in ihren Augen stand echtes Interesse.

Maiks Gesicht hellte sich auf. Jetzt bekam dieser Tag doch noch etwas Gutes.

»Hey, Julia«, grüßte er zurück und umarmte sie kurz. Und mit einem Mal erinnerte er sich an den Moment im Gerichtssaal, als er sie so gesehen hatte wie damals, in ihrer Grundschulzeit. Die hüpfenden Zöpfe waren inzwischen natürlich verschwunden. Doch das Grübchen war geblieben, ebenso wie die beiden Sommersprossen.

Sie knuffte ihn ungeduldig an. »Jetzt sag schon, wie war's?«

Doch bevor Maik antworten konnte, hielt sich Alex die Bierflasche vor den Mund und sprach wie in ein Mikro hinein: »Hier sehen Sie Maik. Neulich noch in der Schlägerei im Stadtpark, jetzt bei uns auf der Showbühne. Erleben Sie ihn, wie er heulend und jammernd zusammenbricht und dem Richter schwört, nur noch Gutes zu tun. Nur noch die Reichen bestehlen und den Armen abgeben. Und nie wieder ein Bier anfassen!«

Die anderen auf der Treppe grölten. Sie kannten sich zum größten Teil schon aus der Grundschulzeit. Mit einigen von ihnen hatte Maik seit der fünften Klasse in der Gesamtschule-Mitte seinen Hintern platt gesessen. Einige gingen mittlerweile in die Berufsschule, andere wie Maik in die einjährige Berufsförderung, zwei von ihnen versuchten sogar, ihren Realschulabschluss zu schaffen.

Maik drückte das Bierflaschenmikrofon vor seinem Mund zur Seite. »Was soll ich schon erzählen? Da war die Lynch, die sich für was Besseres hält, ein Verteidiger, der keinen Bock auf so einen Mist hat, und dazu jede Menge Schlipsträger. Kennt ihr doch.«

»Und das Urteil?«, hakte Julia nach.

»Sozialstunden«, brummte Maik. »Achtzig!«

Alex pfiff hörbar durch die Zähne. »Wow, die scheint dich gernzuhaben, die Roben-Tussi. Da verbringst du ja beinahe die Hälfte deines Lebens in der Altenbude zum Urin-Kellnern.«

Die anderen kicherten zwar über Alex, starrten aber wegen der hohen Anzahl der Sozialstunden verblüfft auf Maik. Doch der winkte ab. »Quatsch. Die sitze ich locker ab. Wie sonst auch. Für drei oder vier Stunden tauche ich auf, dann geh ich zum Arzt, um mich krankschreiben zu lassen. Das hat bisher jedes Mal geklappt.«

»War das denn alles?«, hakte Julia nach. Sie war die Einzige von ihnen, die nichts auf dem Kerbholz hatte, aber zu Hause ging es ihr einfach beschissen. Ihre Mutter hatte immer nur mit sich selbst zu tun, da war für Julia kaum Platz. Und ihren Vater kannte sie gar nicht. Also hatte die Gruppe um Alex wortlos beschlossen, sie schützend in ihren Kreis aufzunehmen. Sie fühlte sich wohl bei den Jungs. Und vor allem: Sie war hier respektiert. Zwischen Maik und ihr hatte es von einem Tag auf den anderen gefunkt, aber scheinbar grundlos zog sich Julia an manchen Tagen zurück und Maik wusste dann nicht, wie er an sie rankommen sollte.

»Das war doch eine heftige Aktion dieses Mal, oder?«,

bohrte sie weiter. »Da muss es doch mehr gegeben haben als ...«

Maik begann herumzudrucksen. »Bisschen was gab's schon noch.« Er spürte die erwartungsvollen Blicke der anderen auf sich. Jetzt war er nicht mehr locker.

»Also.« Maik zögerte kurz, dann platzte es aus ihm heraus: »Ein Jahr, sechs Monate auf drei Jahre Bewährung. Und ein AGT-Training. Was auch immer das ist ...«

Julia stand der Mund weit offen. Auch Alex hatte es die Sprache verschlagen. Er pfiff nicht mal durch die Zähne.

»Alter, das sind achtzehn Monate!«, flüsterte jemand betroffen von der Treppe herunter.

Julia schossen Tränen in die Augen. »Das nennst du ein bisschen? Du hast ... du bist ... du ... Ach!!« Es schüttelte sie, dann drehte sie sich um und rannte davon.

»Hey! Jetzt warte halt mal.« Maik wollte ihr schon hinterher, doch Alex hielt ihn am Arm fest. »Lass sie. Das muss sie erst mal verdauen.«

Maik starrte ihr hinterher. »Was hat sie denn? Bewährung hat doch fast jeder von uns.«

Alex schüttelte den Kopf. »Aber keine drei Jahre. Mensch, Maik, du bist gerade siebzehn. So ein Urteil, das ist schon heftig.«

»Da winkt schon fast der Knast«, unkte es von der Treppe herunter und jetzt erst erkannte Maik die Stimme: Paul saß auf der obersten Stufe und drehte sich einen Joint.

»Nicht, wenn er zum AGT geht«, antwortete Alex mahnend, doch von oben erklang nur ein herablassendes Schnauben.

»AGT?« Paul spuckte auf den Boden. »Das ist nicht dein Ernst. AGT – das ist Psychokacke für Anfänger.«

Maik setzte zu einer Antwort an, doch dann verstummte

er schnell. Klar hatte er von diesen Antigewalt-Trainings schon einmal gehört, aber konkret konnte er sich nichts darunter vorstellen.

Paul war nicht mehr zu bremsen. »Einmal die Woche Zwangsheulen in der Gruppe.« Jetzt stand er auf und kam zu Maik und Alex herunter: »Oh, ich hatte eine fürchterliche Kindheit, lieber AGT-Trainer, die ich nur mit Gewalt füllen konnte«, spottete er mit verstellter hoher Stimme. »Unser Vater hatte uns verlassen. Und er hinterließ in meinem Leben eine Lücke, die ich nur mit Gewalt füllen konnte.« Ein paar der anderen kicherten vor sich hin, was Paul noch mehr anstachelte: »Und – oh – meine Mutter hatte mich mal mit einem Titten-Heftchen erwischt. Das hat in meiner Sexualität eine Lücke verursacht, die ...«

»... ich nur mit Gewalt füllen konnte«, beendeten die Zuhörer auf den Treppenstufen grölend den Satz.

Paul legte den Kopf sichtbar zufrieden in den Nacken und blies Rauch in den Himmel: »Auf so einen Dünnpfiff kannst du verzichten, Maik. Glaub mir!« Er stieß Alex in die Seite und sagte: »War doch richtig, dass wir den Mist abgebrochen haben, was?«

Alex gab ein zustimmendes Knurren von sich, doch Maik bemerkte, dass er dabei verlegen auf seine Füße blickte.

Paul trat wieder den Rückzug auf die oberste Treppenstufe an. »Hey, Maik, lieber in den Knast als zu so einem Psychokram. Klar, Mann?« Damit war die Sache für ihn erledigt.

Alex wartete, bis Paul sich gesetzt hatte, dann zog er Maik am Ärmel zur Seite. »Lass uns mal quatschen.«

Maik war so verwundert, dass er seinem Freund kommentarlos folgte. Kaum, dass sie einige Schritte gegangen waren, redete Alex eindringlich auf ihn ein: »Mensch Maik, hör nicht auf Paul. So locker solltest du das Ganze nicht sehen.«

»Aber er hat doch recht, oder nicht? Ihr beiden habt doch vor knapp zwei Jahren so ein AGT abgebrochen. Ich weiß noch genau, wie ihr beiden darüber gelästert habt und ...«

»Dann weißt du auch sicher noch, dass ich damals für einen Monat in den Knast bin«, erwiderte Alex aufgebracht.

»Klar. Ich hör dich noch reden: ›Lieber einen Monat Bau als ein ganzes Jahr lang diesen Käse.‹«

Alex sah zur Seite. Seine Hände klammerten sich fest und fester um die Bierflasche in seiner Hand. »Das war mein größter Fehler damals. Echt!«

»Quatsch! Du hast immer gesagt, dass diese vier Wochen wie Ferien für dich ...«

»Schwachsinn«, stieß Alex zwischen seinen Zähnen hervor. Er sah auf und blickte Maik direkt in die Augen. »Die Zeit im Knast war scheiße, Maik. Und jeder, der was anderes sagt, lügt. Du sitzt da, Tag für Tag, und brütest und grübelst. Wochenlang. Und erst die Blicke meiner Eltern, als sie ihren Verlierer-Sohn abgeliefert haben. Als die Tür zufiel. Dieses Geräusch. Davon habe ich nachts geträumt. Das vergisst du nicht. Keine Minute.« Er stellte seine Bierflasche auf dem Boden ab und packte Maik an den Schultern. »Der Richter heute ...«

»Es war die Lynch!«

»Ist doch egal! Sie hat dir noch eine Chance gegeben. Deine Aktion vor neun Monaten, das war echt krass. Das ist der letzte Ausstieg vor der Endstation. Zieh das AGT durch. Ich hab mich damals von Paul reinquatschen lassen. Er hatte keinen Bock auf den Kram und antangs war es bei mir genauso. Aber dann ... Manchmal kommt man schon ins Grübeln. Und ... vielleicht hast du ja Glück und du landest bei Tom und Jerry.«

»Häh? Was laberst du da?«

Alex kicherte kurz. »Tom und Jerry, so nennen wir die beiden AGT-Leiter, die ...«

Maik sah Alex überrascht an. »Was? Du stehst auf so 'ne Psychokacke?«

Alex bohrte seine Fingernägel in Maiks Schultern. »Verdammt noch mal, hörst du mir überhaupt zu? Bell doch nicht den Mist von Paul nach. Geh zum AGT. Du hast drei Jahre Bewährung bekommen. Drei Jahre, in denen du dir nichts, aber auch gar nichts zuschulden kommen lassen darfst. Sonst gehst du eineinhalb Jahre in den Bau. Das war doch das Urteil, oder? Achtzehn Monate auf drei Jahre Bewährung?«

»Ich krieg das hin«, verteidigte sich Maik. »Das neulich, das war halt eine dumme Situation. Ich musste diesem Typ nur eine reingeben, weil ...«

»Ja, danke, geschenkt!« Alex musterte Maik skeptisch. »Du denkst also, du hast dich im Griff?«

»Klar.«

»Dann gib mal acht«, meinte Alex, und bevor Maik reagieren konnte, schnappte er sich die Bierflasche vom Boden, zerschlug sie mit einer einzigen pfeilschnellen Bewegung an der Parkbank hinter ihm und hielt Maik die abgebrochenen Spitzen der halben Flasche vors Gesicht.

Im Reflex zog Maik beide Fäuste nach oben und holte mit einer Hand aus, als Alex einen Schritt zurückging und zu lachen begann. Maik sah ihn verwirrt an. Dann ließ er beschämt seine Arme sinken.

»Wunderbar, wie du dich im Griff hast«, lachte Alex spöttisch. »Bin beeindruckt. Noch nicht einmal bei mir, deinem besten Freund, vor dem du nichts zu befürchten hast, kannst du dich beherrschen. Voll die Fäuste. Dicker Bizeps. Und das, obwohl ich dir nichts tun würde. Wow!!«

Maik starrte auf die zerbrochene Flasche. Die Spitzen der Glasscherben glitzerten im Licht der eingeschalteten Parklaterne. Alex' Spott tönte in seinen Ohren. Er wusste keine andere Lösung, als sich umzuwenden und davonzurennen.

# 3

Während Maik durch die Straßen rannte und um irgendwelche Ecken bog, dachte er nicht an Alex. Julias ent-
täuschter Blick ging ihm nach. Ihre echte Anteilnahme, als
er in den Park gekommen war, die ihm so gutgetan hatte.
Und dann ihre Enttäuschung. Sie mochten sich. Sehr sogar. Aus seiner frühen Grundschulschwärmerei für sie war
schließlich Freundschaft geworden und jetzt waren sie irgendwie zusammen und er genoss jeden Moment mit ihr.
Ihr Lachen und ihre fröhliche Art.

Auch wenn es meist nur auf Händchenhalten und ge-
meinsame Spaziergänge hinauslief, wenn sie sich trafen.
Maik hätte sich mehr gewünscht, doch außer ein bisschen
Rumgeknutsche, wenn die beiden etwas getrunken hatten,
war bisher nichts geschehen. Der Grund dafür lag bei Julia.
Zwar betonte sie immer wieder, wie sehr sie ihn mochte, doch in ihren Augen erkannte Maik immer wieder den
Blick, den er von seiner Mutter gewohnt war – dieser *zwei-
felnde* Blick.

»Ich kann nur mit jemandem fest zusammen sein, der
mir Sicherheit gibt«, hatte sie vor einiger Zeit zu ihm gesagt. »Und der ganze Mist, den du baust, hat mit Sicherheit
nichts zu tun.«

Maik schüttelte den Kopf. Auch sie verstand ihn einfach
nicht. Mehr Sicherheit als er konnte ihr niemand bieten.
Maik würde jedem, der Julia auch nur schief ansah, den
Kiefer brechen. Mehr Sicherheit ging doch gar nicht.

»Typisch Weiber«, zischte er jetzt voller Zorn. »Verstehen nie was. Wollen aber alles besser wissen!«

Er blieb stehen und nahm erstmals seine Umgebung wieder in sich auf. Er war so mit den Gedanken und Bildern in seinem Kopf beschäftigt gewesen, dass er gar nicht darauf geachtet hatte, wohin er gerannt war. Nun ging er auf das kleine hölzerne Tor zu. Seine Füße hatten den Weg hierher wie von selbst eingeschlagen. Wie ein treuer Schäferhund, der den Weg nach Hause von selbst fand. Er öffnete die kleine Tür und trat hindurch. Der Vergleich mit dem Hund gefiel ihm. Hier war er zu Hause. Also: richtig zu Hause.

Er atmete tief ein. Jetzt, Ende Mai, stand der Holunder in voller Blüte. Maik erkannte den typischen Geruch der kleinen weißen Blüten sofort. Auch den starken Duft der Fliederbüsche, die er im letzten Jahr vor dem Gartenhaus gepflanzt hatte, konnte er von hier aus riechen. Er schloss das Tor – geräuschlos. Vor wenigen Wochen erst hatte er die Scharniere neu geölt.

Erschöpft trat er zu dem Gartenhäuschen, das er mit seinem Großvater gebaut hatte. Maik lächelte. Es war eine der schönsten Erinnerungen seines Lebens: Er als Fünfjähriger, wie er ganze Tage an der Seite seines Großvaters beim Aufstellen dieses Hauses geholfen hatte. Den Umgang mit dem Hammer hatte er üben dürfen. Und viele verschiedene Werkzeuge kennengelernt.

»Aus dir wird später mal ein guter Handwerker«, hatte der Großvater ihn jeden Abend gelobt, wenn sie Arm in Arm ihr Tagwerk betrachtet hatten. »Oder vielleicht ein Ingenieur oder Architekt, Maik. Du bist wirklich sehr geschickt.«

Nun stand Maik im Dunkeln vor der Gartenbank und ließ

sich wie ein nasser Sack darauffallen. Maik strich mit den Fingerspitzen über das Holz der Gartenbank. Könnte er die Zeit nur zurückdrehen. Er würde keine Minute zögern.

Zurück.

Zurück in eine Zeit, die so unbeschwert war.

Er grübelte. Wie weit müsste er die Zeit zurückdrehen? Einige Schuljahre waren es schon. Nein – mehr noch: Er müsste bis in die Grundschulzeit reisen. Bis zum Ende der Grundschule.

Maik nickte. Ja, es stimmte. Bis zu seinem neunten Lebensjahr war alles in Ordnung gewesen.

Der ganze Mist hatte am Ende der vierten Klasse begonnen. Mit dieser Lüge. Mit dieser einen Lüge. Und mit Bjarne, der diese Lüge aufgedeckt hatte.

Er sah sich in der Schule stehen. Im Klassenraum des vierten Schuljahres. Er sah sich dort an seinem Tisch stehen, mit hochrotem Kopf. Und da war Bjarne, der sich vor ihm aufgebaut und ihn angeschrien hatte. Ihn vor allen anderen zur Rede stellte und ihn einen Lügner nannte.

»Du lügst doch!«

Maik blickte auf den Boden. Er spürte, wie ihm das Blut in den Kopf schoss. Vor der ganzen Klasse. Ausgerechnet hier und jetzt musste Bjarne ihn angreifen. Maiks Blick wanderte zur Tür. Wo blieb nur Frau Schmieder, die Klassenlehrerin? Sie war doch sonst schon vor dem Klingeln im Raum.

Bjarne wiederholte seine Anschuldigung: »Das ist alles gelogen, was du sagst! Ich habe Beweise. Es stimmt nämlich nicht, dass dein Großvater krank ist und ihr euch in den nächsten Wochen um ihn kümmern müsst. Ich hab deinen Opa vorgestern noch gesehen. Auf dem Fahrrad kam er aus der Schrebergartenkolonie. So wie fast jeden Tag. Und jemand, der so krank sein soll, radelt nicht durch die Stadt. Oder?«

Maik schwieg.

Aber Bjarne kam gerade erst so richtig in Fahrt: »Ich weiß auch, warum du lügst«, brüllte er durch die Klasse. »Ihr habt kein Geld für unsere Klassenfahrt. Meine Mutter ist im Förderverein der Grundschule. Und ich habe es am Telefon gehört. Deine Mutter wollte die ganzen hundertzwanzig Euro für die Klassenfahrt vom Förderverein. Aber so viel kann der Verein nicht rausrücken. Deshalb fährst du nicht mit. Stimmt's?«

Maik hatte das Gefühl, als platze sein Kopf gleich, bei all dem Blut, das sich darin ansammelte.

Bjarne kreischte beinahe: »Stimmt es?«

»Ja«, brachte Maik hervor. »Es stimmt.«

Bjarne machte ein zufriedenes Gesicht. »Dann bist du also ein Lügner. Und du hast bestimmt nicht zum ersten Mal gelogen, oder? Neulich wurden doch Radiergummis vermisst und Lineale und Stifte und ...«

Maik schrak auf: »Das war ich nicht. Ich hab nichts geklaut.«

»Hab ich was von Klauen gesagt?«, widersprach er arrogant, bevor er sich in der Klasse umblickte. »Wer von euch glaubt, dass Maik die ganzen Sachen gestohlen hat?«

Wenn sein Puls vorher schon raste, so überschlug sich jetzt alles in Maik. Angst, Panik, Wut. Mit seiner ruhigen Art war er ohnehin keiner der beliebtesten Jungs in der Klasse. Aber er war auch nicht unbeliebt – so dachte er zumindest immer. Doch jetzt ...

Bevor allerdings jemand die Hand hätte heben können, öffnete sich die Klassenzimmertür und mit dem Eintreten von Frau Schmieder fand die Auseinandersetzung erst einmal ihr Ende.

Erst einmal. Denn in der folgenden Zeit kam es immer wieder zu Anschuldigungen durch Bjarne. Warum gerade er zu Bjarnes Zielscheibe geworden war, das konnte sich Maik nicht erklären, doch in den wenigen Wochen bis zu den Sommerferien hatte sich Bjarne immer wieder einen Spaß daraus gemacht, ihn vor der ganzen Klasse bloßzustellen. Es war egal, ob es darum ging, dass Maik keine Markenklamotten trug, oder darum, dass niemand seinen Vater kannte. Bjarne fand immer wieder einen Weg, Maik anzugehen.

Maik fand keinen Weg, sich dagegen zu wehren. Bjarne war der zweitbeste Schüler der Klasse. Er stammte aus einem angesehenen Elternhaus. Sein Vater war sogar stellvertretender Leiter einer Bankfiliale in der Stadt. Bjarne war einer der absoluten Lehrerlieblinge. Und er startete seine Angriffe so geschickt, dass kein Lehrer etwas davon mitbekam. Selbst Frau Schmieder nicht, denn Bjarne nutzte die Pausen oder die Zeit im Umkleideraum vor dem Sportunterricht für seine Attacken gegen Maik. Also immer dann, wenn keine Lehrperson in der Nähe war.

Ein einziges Mal hatte Maik es versucht. Er hatte all seinen Mut zusammengenommen und war zu Frau Schmieder gegangen, um ihr von den Vorfällen zu berichten. Doch sie war ihm ins Wort gefallen. »Da hast du bestimmt nur was falsch verstanden«, hatte sie erklärt und ihm eine Hand auf die Schulter gelegt. »Bjarne hat das bestimmt nicht so gemeint. Du kennst ihn doch. Er ist kein Junge, der andere bloßstellt. Am besten, du nimmst das alles nicht so wichtig. Vielleicht sprecht ihr beiden euch mal aus.«

Doch genau das hatte Maik zu verhindern versucht. Auf

keinen Fall hätte er mit Bjarne reden wollen. Zu groß war die Angst, dass Bjarne ihm wieder das Wort verdrehte oder ihn bloßstellte.

Die letzten Wochen des vierten Schuljahres waren daher ein einziger Spießrutenlauf gewesen. Besonders schlimm war die Zeit während und nach der Klassenfahrt gewesen. Maiks Mutter hatte es nicht geschafft, das Geld zu besorgen, und so hatte Maik die ganzen vier Tage in der Parallelklasse verbringen müssen. Natürlich hatte Bjarne dafür gesorgt, dass alle in der Klasse informiert waren. In den Wochen danach hatte Bjarne die Gespräche immer wieder auf die wunderbaren Ausflüge und Erlebnisse der Fahrt gelenkt, um Maik eins auszuwischen.

Doch schließlich war der letzte Schultag gekommen. Bjarne ging anschließend ins Gymnasium, während Maik die Hauptschule besuchte. Und so hatte die Qual endlich ihr Ende gefunden – hatte Maik zumindest gedacht. Seine Hoffnungen lagen nun auf einem Neubeginn in einer anderen Schule. Hier sollte alles anders werden, doch da hatte er sich getäuscht. Sehr sogar ...

# 4

Als der Wecker auf seinem Nachttisch ihn schrill aus dem Schlaf klingelte, vergrub Maik seinen Kopf unter dem Kissen. Der klirrende Ton schoss ihm wie Messerstiche ins Hirn. Als hätte er einen Kater.

»Und dabei hab ich doch gar nichts getrunken«, murmelte Maik. Er wusste natürlich, woher dieses Gefühl in seinem Kopf stammte: Er hatte bis um drei Uhr in der Nacht auf der Gartenbank gesessen und über seine Zeit in der Grundschule nachgedacht. Nun saß er wie ein begossener Pudel auf der Bettkante und rieb sich die Stirn. Die Zeiger des Weckers standen auf kurz nach halb sieben.

»Mitten in der Nacht!«, stöhnte Maik. Kurz überlegte er, ob er sich nicht krankmelden sollte. Gerade heute, wo es ihm ja tatsächlich nicht so gut ging. Und ehrlich: Es würde ihn sowieso niemand vermissen in dieser Berufsförderungsmaßnahme. Allein schon dieser Begriff: Berufsförderung. Als müsse er gefördert werden. Bloß weil er mit Mühe und Not seinen Berufsreifeabschluss geschafft hatte. Mit einem Zeugnis voller Noten, mit denen er keine Lehrstelle finden konnte. Deshalb sollte er gefördert werden?

Alles Schwachsinn. Ob er dort saß oder hier zu Hause, das war doch … so …

Mühsam erhob er sich von seinem Platz. Okay, er würde gehen. Er hatte schon so oft gefehlt und würde es in den kommenden Wochen noch einige Male mehr tun, sodass er sich heute besser auf die Socken machen sollte.

Schnell hatte er sich einige Klamotten gegriffen, die überall in seinem Zimmer verstreut herumlagen, und zog sie an. Nur wenige Minuten später stand er in der kleinen Küche.

»Frühstück?« Es war eher ein Murmeln. Bevor seine Mutter nicht ihre erste Zigarette und die Tasse Kaffee am Morgen hatte, war sie kein richtiger Mensch, wie sie es selbst immer ausdrückte.

Maik nickte. Ihm ging es ebenso. Er nahm aus dem Schrank zwei Kaffeetassen und stellte sie neben den Aschenbecher auf den Küchentisch, während seine Mutter die Kanne aus der Maschine zog und das Fenster kippte. Schweigend saßen sie sich gegenüber, während der Qualm sie allmählich einnebelte. Für Maik war dies ein angenehmer Start in den Tag. Er mochte die stillen Momente. Und er mochte auch die Anwesenheit seiner Mutter. Allerdings nur, wenn sie nicht quatschte und Forderungen stellte. Doch genau das war bei diesen morgendlichen Frühstücken nie der Fall. Dann saßen sie bloß einander gegenüber, starrten in ihre Kaffeetassen und warteten darauf, dass Koffein und Nikotin ihre Wirkungen entfalteten. Nach dem letzten Zug aus der Zigarette drückte seine Mutter den Rücken durch. Das war das Zeichen für Maik aufzustehen. Wenn seine Mutter vom Tisch aufstand, würde sie zu reden beginnen. Normalerweise schnappte er sich dann seine Jacke und flüchtete aus der Wohnung. Heute nicht. Er ging in sein Zimmer, schnappte sich den Strauß Flieder und brachte ihn in die Küche.

»Hier. Für dich«, sagte er nur knapp, bevor er die hohe Blumenvase vom Fensterbrett nahm.

»Oh, das ist nett.« Sie strahlte ihn an. »Warst du gestern noch am Gartenhaus? Hast du mir von dort die Blumen mitgebracht?«

»Flieder«, verbesserte er wortkarg. »Das ist Flieder.«

Sie lachte. »Weiß ich doch.«

Maik spürte, dass sie kurz davor war, ihn in den Arm zu nehmen. »Muss los«, brummte er, schnappte sich endlich die Jacke und rannte aus der Wohnung.

Mit der S-Bahn waren es nur zwanzig Minuten. Die Zeit zog sich wie Gummi. Allerdings nicht nur die Zeit in der S-Bahn, sondern der gesamte Tag, den er in dieser Berufsförderungsmaßnahme verbringen musste. Und das nur, weil das Arbeitsamt es vorschrieb.

»Schlecht bezahltes Eierschaukeln«, nannte Alex das. Jede Minute in diesem Gebäude war verlorene Zeit. Hier sollten sie lernen, wie man sich erfolgreich auf eine Stelle bewarb. Auch ein paar Computerkurse wurden angeboten. Unnötige Zeitverschwendung, fand Maik. Er hatte bereits Bewerbungen verschickt. Zwei Stück. Nicht einmal eine Antwort hatte er bekommen. Mit seinem Zeugnis hätten weitere Bewerbungen eh nichts gebracht. Und das, was er für den PC brauchte, das konnte er schon. E-Mails schreiben, Google befragen und Internetseiten auffinden – alles kein Problem. So Sachen wie Texte verarbeiten und Tabellen erstellen, was sie einem hier beibringen wollten, das würde er in seinem ganzen Leben nie wieder brauchen.

Er seufzte. Nun saß er schon einige Monate in diesem Bau und es würden noch weitere Monate folgen. Immer in dem Wissen, dass es ihm nichts brachte. Aber politisch sahen solche Maßnahmen natürlich gut aus. Dass weder die Teilnehmer noch die meisten Pädagogen einen Sinn in dieser Veranstaltung sahen, das interessierte niemanden.

Lustlos öffnete Maik die schwere Eingangstür und mühte sich die Treppenstufen hinauf. Die meisten waren schon da. Mit langen Gesichtern schlurften sie wie Zombies durch die

Gänge – die Teilnehmer und die Pädagogen. Dieses Haus war ein einziger Ort der schlechten Laune. Künstliches Licht an der Decke, künstliche Luft durch die Klimaanlage, künstliche Freundlichkeit durch die Mitarbeiter. Sogar die Pflanzen vor den Fenstern wirkten depressiv.

Maik trug sich in die Anwesenheitsliste ein. Mit Datum und Unterschrift, so wie sich das gehörte. Und bevor Frau Massem ihm ein Angebot für den heutigen Tag unterbreiten konnte, brummte er schnell: »Muss noch was am PC fertig machen. Geh da direkt mal hin.«

Die Antwort wartete er nicht ab. Das war der große Vorteil, den die Fördermaßnahme hatte: Es gab keine Klassen oder Gruppen. Man sollte lernen, sich selbst zu organisieren, und die Pädagogen standen hilfreich zur Seite. Hilfreich – Maik lachte kurz auf. Hilflos wäre der passende Begriff. Hier war alles so trostlos, dass er Julias Wunsch, ihn einmal hierher zu begleiten, abgeschmettert hatte. Es wäre Maik regelrecht peinlich gewesen, wenn sie ihn hier besucht hätte.

Er schlurfte an den PC-Platz, den er vorgestern schon genutzt hatte, gab Nutzernamen und Passwort ein und schon blickte er auf seine aktuelle Aufgabe: eine Bewerbung sollte er schreiben. Als Training. Also für eine Stelle, die es nicht gab, in einer Firma, die sich irgendein Pädagoge ausgedacht hatte. Wirklich weit gekommen war er vorgestern nicht. Und er war sich ziemlich sicher, dass es heute nicht anders sein würde. Wozu auch? Der Trick bestand darin, eifrig auszusehen, wenn einer der Pädagogen sich mal zeigte. Manchmal hatte man ein paar Fragen zu beantworten, doch meistens war es so, dass die Pädagogen selbst froh waren, wenn sie ihre Ruhe hatten. Man merkte sogar ihnen an, dass sie nicht gern hier waren. Dass sie lieber an einer ordentlichen Berufsschule arbeiten würden.

»Schnarchen und schnarchen lassen« – das war hier das Motto.

Schon schaltete sich der Bildschirmschoner ein. Eine digitale Zeitanzeige in silbernem Grau, die sich schaukelnd über den Monitor bewegte.

Zeit, schoss es Maik durch den Kopf. Er dachte an seine Überlegungen von gestern Nacht zurück. Daran, dass er gedanklich die Zeit zurückgedreht hatte. Und bevor er sich dagegen wehren konnte, geschah es wieder. Erinnerungen kamen in ihm hoch.

Die Bilder, die vor seinem geistigen Auge auftauchten, zeigten ihn auf dem Schulhof. Glasklare Bilder. In HD-Qualität. Er als Fünftklässler auf dem Pausenhof. Ihm gegenüber Jonas. Mit einem breiten Grinsen im Gesicht.

Maik hörte ihn sprechen.

»Echt? Du weißt nicht, was ein Bastard ist?«

Maik zog die Schultern in die Höhe.

»Ich kann dir einen zeigen«, lachte Jonas. »Ich muss dich nur vor einen Spiegel stellen.«

Maik verstand gar nichts. Er hatte niemandem was getan. Schon gar nicht Jonas. Im Gegenteil, er war ihm aus dem Weg gegangen. Denn Jonas hatte Maik schon in der Grundschule gern aufgezogen. Immer dann, wenn Bjarne mal wieder Maik angriff, war Jonas zur Stelle gewesen und hatte mitgemacht. In der Grundschule war Jonas noch die Nummer zwei gewesen. Doch hier, an der neuen Schule, weit weg von Bjarne, versuchte er, die Nummer eins zu werden.

Nun standen sie sich also gegenüber: Maik, der dabei war,

einen Neustart an der Schule zu wagen. Und Jonas, den Maik aus Versehen angerempelt hatte. Bei dem Versuch, die Gurkenscheiben aus seinem Pausenbrot zu ziehen, hatte Maik nicht aufgepasst und war fest gegen Jonas geprallt.

»Mann, Maik. Du warst eine Pfeife und wirst immer eine sein. Und ein Bastard eben auch!« Jonas schrie seine Attacke Maik direkt ins Gesicht.

Wie sollte er sich denn wehren, wenn er nicht einmal wusste, was ein Bastard ist? Doch die Erklärung lieferte Jonas auf der Stelle nach: »Ein Bastard ist ein Kind ohne Vater. So wie du eben. Wahrscheinlich warst du als Baby schon so hässlich, dass dein Vater schreiend weggerannt ist. Oder dein Anblick hat ihn so erschreckt, dass er tot umgefallen ist.« Es war Jonas anzusehen, wie sehr er seine Überlegenheit genoss: »Nein, warte, ich hab's: Deine Mutter ist 'ne Nutte!«

»Was?!« In Maik begann es zu brodeln. Diesen Begriff kannte er nur zu gut.

»Ist doch ganz einfach«, erklärte Jonas der johlenden Menge. »Niemand weiß, wer dein Vater ist. Wahrscheinlich nicht einmal deine Mutter. Damit ist doch jedem klar: Deine Mutter ist eindeutig eine Nu...«

Maiks Faust brachte Jonas zum Schweigen. Jonas fiel um, doch er rappelte sich sofort hoch und ging auf Maik los. Sie verkeilten sich ineinander und stürzten als übergroßes Paket auf den Boden. Keinem der beiden gelang es, richtig auszuholen, und so rollten sie über den Asphalt des Schulhofes.

Inzwischen hatten sie die Aufmerksamkeit des halben Schulhofs auf sich gezogen. Die Schüler scharten sich um sie und bildeten allmählich eine Menschentraube. Einige feuerten die beiden an.

Davon bekam Maik allerdings nichts mit. Seine ganze Wut richtete sich gegen Jonas. Er musste seinen Mund noch einmal treffen. Er musste noch einmal dort landen, wo die Beleidigungen herausgekommen waren. Er wollte Jonas das Maul stopfen.

Schließlich wurden sie auseinandergezerrt. Vier kräftige Hände griffen nach ihren Schultern und trennten die beiden Jungs voneinander. Maik versuchte, Jonas mit dem Fuß noch zu erwischen, doch sein Tritt ging ins Leere.

»Nun hört endlich auf!«, hörte Maik eine bekannte Stimme rufen. Er blickte auf und sah, dass Herr Langen, sein Englischlehrer, ihn im Griff hatte, während Jonas von dem Hausmeister festgehalten wurde.

»Was ist denn hier los?«, fragte Herr Langen und der Druck seiner Hände ließ etwas nach. »So habe ich dich ja noch nie erlebt.«

Maik versuchte, sich zu beruhigen. »Er hat mich beschimpft«, sagte er schnell. »Also meine Mutter. Sie sei eine Nutte, hat er gesagt. Und ich sei ein ›Baster‹.«

»Bastard heißt das, du Pfeife«, schrie Jonas, der sich aus dem Griff des Hausmeisters befreite.

Herr Langen warf ihm einen wütenden Blick zu. »Ist das wahr?«

»Dass er ein Bastard ist und seine Mutter eine Nutte?« Jonas schien sich noch immer zu amüsieren. »Denke schon. Fragen Sie ihn selbst.«

Der Lehrer wollte etwas erwidern, doch dann sah er ein, dass diese Auseinandersetzung nicht auf dem Schulhof, vor den Augen der umherstehenden Mitschüler geführt werden sollte.

»Ihr kommt jetzt beide mal mit!«, bestimmte Herr Langen. »Wir müssen das klären.«

In der Berufsförderungsmaßnahme starrte Maik noch immer auf die schaukelnde Zeitanzeige im Monitor. Er verzog das Gesicht. Ja, er konnte sich noch genau daran erinnern, wie sie das geklärt hatten. Zwanzig Minuten hatten sie mit dem Lehrer in einem Raum gesessen. Und bei allem, was zur Sprache gekommen war, hatte Jonas es immer gut verstanden, Maik noch einmal verbal eine zu verpassen.

Schließlich hatte Herr Langen sie in die Klasse geführt. Maik fühlte noch heute, wie sehr er sich geschämt hatte. Nicht wegen der Schlägerei, sondern weil er mit seinen persönlichen Problemen plötzlich im Mittelpunkt stand. Am liebsten wäre er einfach davongelaufen. Doch dann war etwas passiert, das ihn überrascht hatte aufblicken lassen.

Maik hatte sich jedes Wort gemerkt:

»Natürlich ist eine Prügelei keine Lösung.« Herr Langen stand vor der Tafel, Maik zu seiner Linken, Jonas zu seiner Rechten. »Aber ihr müsst Maik auch verstehen. Es ist nicht leicht für ihn und seine Familie. Seine Mutter arbeitet hart. Das weiß ich. Sie würde alles tun für die Familie.« Er blickte nun auf Jonas. »Solche unsinnigen Sprüche, wie du sie vorhin herausgeschrien hast, die verletzen jeden Menschen.«

Maik glaubte es kaum. Nahm Herr Langen ihn gerade in Schutz? Und das, obwohl er die Schlägerei angefangen hatte?

»Ihr müsst wirklich mal daran arbeiten, wie ihr miteinander umgeht«, ermahnte sie Herr Langen. »Maik ist ein gutes Beispiel dafür, wie jemand nur durch Worte in die Ecke gedrängt werden kann. Denkt einmal darüber nach.«

Von dem Unterricht hatte Maik an diesem Vormittag kaum noch etwas mitbekommen. Er hatte mit einer ordentlichen Strafe gerechnet, doch stattdessen war er in Schutz genommen worden. Es war buchstäblich wie ein Befreiungsschlag gewesen.

Als Maik in diesem Moment Jonas anblickte, der schmollend an seinem Tisch saß, hatte sich Maik beinahe wie ein Sieger gefühlt. Und dieses Gefühl verstärkte sich noch, als Jonas nach der Stunde zu Maik an den Tisch kam und ihm zuraunte: »Diesen Moment wirst du noch bereuen!« Dann legte er kumpelhaft seine Hand auf Maiks Schulter und drückte so heftig zu, dass der Muskel gequetscht wurde.

Maik hätte schreien können vor Schmerz, doch die Freude, über Jonas gesiegt zu haben, überwog in diesem Moment.

Die Hand auf seiner Schulter holte ihn aus der Vergangenheit zurück. Es war Herrn Schuberts Hand. Dieser beugte sich über Maik und schaute auf den Bildschirm: »Träumst du, Maik? Kommst du mit der Bewerbung voran?«

Maik hatte Mühe, aus seinen Erinnerungen wieder aufzutauchen. Auch er blickte auf den Computermonitor. Auf die Datei eines Bewerbungsprogramms, in das er sein Anschreiben an eine ausgedachte Firma tippen sollte. Nicht einmal die Hälfte der Seite war gefüllt. »Ja. Danke. Alles okay so weit«, sagte er.

Herr Schubert überflog die wenigen Zeilen: »Weit bist du ja noch nicht gekommen. Streng dich mal an, du kannst das!«

»Ja, geht schon.«

Damit zog Herr Schubert die Hand wieder zurück und ließ ihn allein. Maik sah ihm hinterher, wie er durch den Raum schlenderte, dann drehte er sich wieder dem Monitor zu. Jetzt musste er vorankommen, denn Schubert hatte gesehen, wie weit Maik war. Wenn er in ein paar Stunden wiederkommen würde, um noch einmal nachzuschauen, dann wollte Maik nicht noch immer an derselben Stelle seiner Bewerbung hängen. Nicht, weil er Angst vor Schubert hatte. Aber er hatte keine Lust auf das pädagogische Gelaber, das mit Sicherheit folgen würde.

Zu viel würde er allerdings auch nicht tun. Denn erstens wollte er vor den anderen Teilnehmern nicht als Streber dastehen und zweitens wusste er nicht, was ihn nach dieser Aufgabe erwartete.

Maik beschloss, das Anschreiben erst einmal sein zu lassen und sich stattdessen mit seinem Lebenslauf zu beschäftigen. Zum Glück wurden hier nur die persönlichen Daten und nicht die persönlichen Schandtaten abgefragt. Lebenslauf ist locker, da braucht man nicht zu denken, fand Maik, doch schon im nächsten Moment stockte er: Wie sollte es ihm denn gelingen, sein verkorkstes Leben zu verdrängen, wenn man ihn andauernd aufforderte, diesen ganzen Müll aufzuschreiben?

Es half nichts. Maik hackte die Jahreszahlen und die Informationen in die Tastatur ein. Grundschule. Gesamtschule bis neuntes Schuljahr. Zu gern hätte er hineingeschrieben: »Den miesesten Hauptschulabschluss, nein, Berufsreifeabschluss aller Zeiten kann ich Ihnen mit dem Zeugnis beweisen«, aber er konnte sich zurückhalten. Weder der Schubert noch die Massem hatten genug Humor.

Also weiter: Nach dem neunten Schuljahr Berufsfachschule 1: Hauswirtschaft. Ja, Hauswirtschaft hatte er belegen müssen, nachdem für den Bereich Technik seine Noten in Mathe und den anderen naturwissenschaftlichen Fächern einfach zu unterirdisch gewesen waren. Doch allein nun dieses Wort tippen zu müssen: HAUSWIRTSCHAFT, das ekelte ihn an. Das war doch eher was für Weiber, aber doch nicht für ihn. Angenervt hackte er auch hier die Jahreszahl hinein und blockte die aufkommenden Erinnerungen ab. Die elenden Wochen, als er auf die Antworten zu seinen zwei Bewerbungen gewartet hatte – Bewerbungen zum Landschaftsgärtner, dann die ausbleibenden Rückmeldungen und die ständigen Kommentare und Ratschläge seiner Mutter und seines Großvaters –, all das musste er sich jetzt nicht geben.

Schließlich blinkte das Cursor-Lämpchen in der untersten Zeile. Maik gab die aktuelle Jahreszahl ein und stockte. Was sollte er dorthinein schreiben? Er blickte sich im kargen Raum der Berufsförderungsmaßnahme um. Etwa »Mehrmonatiges Studium von Froschfressen«? Oder »Dauerkurs im Warten-bis-es-Abend-wird«? Alex würde wahrscheinlich »Eierschaukel-Seminar« bevorzugen. Maik grinste. Ein weiterer Einfall wischt ihm das Lachen aus dem Gesicht: »Endstation für Loser«. Allein das Wort »Loser« verursachte ihm Magenkrämpfe. Zu lange und zu oft hatte ihn dieses Wort verfolgt und – ja, eigentlich dorthin gebracht, wo er heute saß.

»Loser-Loser-Loser«, rauschte es in einer Endlosschleife durch sein Hirn.

Er stand auf und verließ den Platz, ohne die letzte Zeile auszufüllen. Seine Zigarette hatte er sich längst verdient.

# 5

Als Maik an diesem Freitag die Küche betrat, war es bereits weit nach ein Uhr. Er hatte ausgeschlafen. Zum fünften Mal schon in dieser Woche, denn er hatte die Berufsförderungsmaßnahme geschwänzt. Nachdem er ganze zehn Tage für seine Bewerbungsübung gebraucht hatte, wollte Schubert ihn in dieser Woche zum Außendienst einsetzen. Und da Maik wusste, dass sich hinter diesem netten Begriff bloß Laubfegen und Müllsammeln verbarg, hatte er am Montag beschlossen, seinen Hausarzt aufzusuchen, ihm von Magen-Darm-Problemen vorzujammern und sich einen netten gelben Krankenschein ausstellen zu lassen. Dr. Zügler hatte dies brav getan und Maiks Mutter hatte den Schein zur Maßnahme gebracht. Nun lag eine lockere Woche hinter Maik, mit Tagen voller PC-Spielen, Abhängen mit Alex, Die-Freunde-an-der-Treppe-Treffen.

Bloß Julia hatte er nicht getroffen. Er hatte es nicht gewagt, sie anzurufen oder auch nur anzuschreiben. Und das, obwohl er sie gern getroffen hätte.

Immer schon hatte er sich in ihrer Nähe wohlgefühlt. Nach seiner Schwärmerei in Kindheitstagen war endlich so etwas wie eine Beziehung entstanden. Aber das alles war sehr brüchig. Maik konnte Julia nicht so richtig einschätzen. Mal hing sie an ihm, dann stieß sie ihn regelrecht von sich. Mal führten sie wunderbare Gespräche – über seine Mutter, die ihm auf die Nerven ging, oder ihren Vater, den sie gern kennengelernt hätte – und Maik spürte dann, dass er mit niemandem so gut reden konnte wie mit ihr.

Doch war sie auch eine echte Nervensäge. Wenn es um ihn und seine Zukunft ging, dann klang sie manchmal schon wie Maiks Mutter.

So wie neulich. Sie brauche Bedenkzeit, hatte sie ihm gesagt und bei dem Gedanken daran zog sich Maik der Magen zusammen. Bedenkzeit. Das klang wie die Vorstufe zum Schlussmachen.

Er erinnerte sich: Irgendetwas, neulich an der Treppe, hatte sie beunruhigt. Maik hatte mehrfach darüber nachgedacht, was genau es gewesen sein könnte, doch je mehr er grübelte, desto mehr spürte er die Angst, sie zu verlieren. Um wiederum diese unangenehme Angst zu überspielen, setzte er sich lieber an seinen PC, um ein paar Aliens abzuballern, statt sich bei ihr zu melden. Dabei konnte er sich denken, dass sie auf ein Lebenszeichen von ihm wartete.

Ein einziges Mal war er im Schrebergarten gewesen, um einen der Büsche zu stutzen, wie er es sich schon vor einiger Zeit vorgenommen hatte. Ansonsten war er die Woche wirklich lässig angegangen.

Doch kaum, dass er die Küche betreten hatte, war klar, dass dieser Tag hier nicht so locker verlaufen würde. Am Küchentisch saß seine Mutter, die Augen rot verheult. Dicht neben ihr stand sein Großvater, der gerade den Blick von einem Brief hob, der offen auf dem Küchentisch lag. Maik erkannte sofort das Siegel im Briefkopf: Er hatte Post vom Gericht erhalten.

»Guten Morgen«, versuchte es Maik erst einmal mit Höflichkeit, doch sein Großvater, der von all seinen Freunden wegen seiner immensen Länge stets Big Ben oder schlicht

Ben genannt wurde, knurrte ihn nur an: »Ja, dass du einen guten Morgen gehabt hast, das glaube ich dir gern.«

»Was ist denn los?« Er stellte sich ahnungslos, um Zeit zu gewinnen.

Ben wies auf den Küchentisch. »Post für dich. Und eine Ansichtskarte aus dem Urlaub ist das nicht.«

Das Wappen, das darauf prangte, erkannte Maik sofort. Es war das Wappen ihres Bundeslandes. Es verlieh dem Schreiben eine enorme Bedeutung. Nicht nur das. Auch die ordentlich untereinandergereihten Zeilen »Amtsgericht«, »Im Namen des Volkes« und »Urteil«, in fett gedruckten Buchstaben, zeigten die Wichtigkeit der Sache auf.

Ziemlich dick aufgetragen, dachte Maik, doch er sagte lieber nichts. Stattdessen griff er nach den Papieren und begann zu lesen: Sechs ganze Seiten voller Aktenzeichen, Namen, Adressen, Daten. Dazu sein Lebenslauf und Werdegang. Und schließlich: seine Tat. Fein säuberlich aufgeschlüsselt und exakt so beschrieben, wie alles tatsächlich stattgefunden hatte. Damals, vor einigen Monaten im Spätsommer des letzten Jahres, unten an der Flusspromenade. Dank der vielen Zeugen war alles in bürokratischem Stil festgehalten worden, von den ersten Beleidigungen bis zum Eintreffen des Notarztes. Maik staunte: Sogar sein ausfallendes Verhalten dem Polizisten gegenüber war erwähnt. Man hatte wirklich nichts ausgelassen. Maik las sich alles in Ruhe durch. Seine Mutter und sein Großvater ließen ihm die Zeit. Schweigend sahen sie Maik zu, wie er die Zeilen in sich aufnahm. Doch es berührte ihn kaum, was er da las. Es war interessant, den gesamten Abend einmal so detailliert nachzulesen, aber Maik kam es eher vor, als lese er einen Krimi. Eine Kurzgeschichte, die sich jemand erdacht hatte. Einzig der Name »Bjarne Wagenknecht« versetzte ihm jedes Mal einen Stoß, wenn er ihn las. Die Wut auf Bjarne saß noch immer tief. Wenn es noch einmal zu solch einem Abend kommen würde ... Wenn Maik diesem Bjarne noch einmal gegenüberstehen könnte, dann ...

»Hast du auch die letzten Zeilen gelesen?« Die Stimme des Großvaters zerrte Maik unsanft zurück.

»Was? Die Unterschriften?«

»Unsinn. Darüber. Punkt vier.«

Maik schlug die letzte Seite noch einmal auf. Nein, diesem Punkt hatte er keine Beachtung geschenkt. Amtsgequassel nannten seine Freunde so etwas. Irgendein Gefasel, das die Richter schreiben mussten, um irgendwelchen Bestimmungen gerecht zu werden.

Maik las es durch, doch bevor er sich klar werden konnte, was es bedeutete, herrschte Ben ihn an: »Ist dir klar, was das bedeutet?«

Und nun, zum ersten Mal an diesem Morgen, war auch seine Mutter zu hören: »Weißt du, was das heißt?« Sie schrie es ihm mit einer Stimme entgegen, aus der Maik alle Verzweiflung dieser Welt heraushörte. »Schädliche Neigung«, schrie sie ihn an. »Eine schädliche Neigung wird festgestellt. Weißt du, was das heißt? Jetzt haben wir es schwarz auf weiß: Du bist ein Schläger. Du bist gefährlich. Du bist schädlich!«

Der Großvater legte beide Hände auf ihre Schultern, ohne sich darum zu kümmern, was ihre Worte in Maik erzeugten. »Beruhige dich, Antonia«, sprach er auf sie ein und sie suchte in ihrer Hosentasche nach einem Taschentuch und begann herzergreifend zu weinen.

»Schädliche Neigung«, schluchzte sie. »Mein Maik!«

Maik starrte auf seine Mutter. Schweigend. Das alles war zu viel! Noch vor seinem Kaffee und seiner ersten Zigarette. Er überlegte gerade, ob er bleiben sollte oder doch besser das Haus verlassen, als sein Großvater ihm zuvorkam: »Hattest du uns nicht gesagt, man hätte dich nur zu Sozialstunden verurteilt?«

»Doch. Hab ich. Darauf läuft es doch hinaus.«

»Oh nein, mein Lieber. Eben nicht. Von dem Antigewalt-Training hast du nichts gesagt. Und von der besonderen Schwere der Tat, so wie es in dem Urteil steht, und von der schädlichen Neigung hast du ebenfalls nichts erzählt.«

Maik versuchte, sich zu erinnern. Das alles lag jetzt schon so lange hinter ihm. Er kramte in seinem Gedächtnis. Ja, es konnte sein, dass es genau diese Worte waren, die er von der Richterin entgegengerufen bekommen hatte. Diese Worte. Oder andere.

»Ich hielt das nicht für wichtig«, erklärte er darum lässig.

Ben schüttelte den Kopf. »Nicht für wichtig«, wiederholte er fassungslos. »Du hältst das nicht für wichtig? Wie kannst du nur ...«

»Ich hätte doch dabei sein sollen«, schluchzte die Mutter in ihr Taschentuch. »Aber ich hatte nicht freibekommen. Und ich ...«

»Sei froh, dass es so gekommen ist«, erwiderte Ben. »Du hättest dich in Grund und Boden geschämt.«

Nun war es Maik, der fassungslos auf die beiden blickte. Wie redeten sie denn über ihn? Hier, während er dabeisaß!

»Wann beginnt denn dieses AGT?«, fragte Big Ben.

»Weiß ich nicht«, gab Maik ehrlich zu. »Da kommt noch Post ... glaub ich ...«

»Glaubst du? Mensch, Junge, du nimmst das viel zu locker. Die ganze Zeit schon. Viel zu locker. Dieses AGT wirst du nicht so schluderhaft angehen wie deine Berufsförderungsmaßnahme. Da wirst du jeden der Termine wahrnehmen. Und wenn ich dich persönlich mit dem Wagen hinbringe.«

»Ach, Opa, hör mal ... AGT, das ist ... das ist ... wieder nur irgend so ein pädagogisches Gelaber. AGT – Altfrauen-Gegacker-Termin, sagt Paul immer, weil dort nur ...«

Ben warf die Hände in die Luft. »Jetzt machst du dich auch noch lustig darüber? AGT ...« Er dachte einen Moment nach. »Das könnte aber auch heißen: dein Allererster-Glücks-Triumph in den letzten zehn Jahren. Denn so lange läuft schon mindestens alles schief in deinem Leben. Wenn ich überlege, wie das damals war, als wir beiden das Gartenhaus gebaut haben. Mensch, Maik, du hast Talent. Und du hast Grips. Wirklich. Aus dir könnte was werden. Wenn du es nur richtig angehen würdest, dein ...«

Maik schaltete ab. Mal wieder. Die Sprüche, die jetzt kamen, die kannte er allesamt auswendig. Seit dem vierten Schuljahr war alles aus dem Ruder gelaufen. Aber das war doch nicht Maiks Schuld. Er konnte doch nichts dafür, dass ...

»Hörst du mir überhaupt zu?« Ben trat näher an Maik heran. »Als deine Mutter mich heute Morgen anrief und mir von diesem Brief erzählte, da habe ich mal meine alten Beziehungen aktiviert und ein wenig herumtelefoniert.«

Maik sehnte sich nach einer Zigarette. Nun bekam er wieder die blendenden Beziehungen seines Großvaters vorgehalten. Dabei hatte der nur einen langweiligen Bürojob in einer Mineralwasserfabrik ausgeübt. In gehobener Stellung zwar, doch was hatte ihm das alles eingebracht? Eine Tochter, die im Supermarkt an der Kasse arbeitete und zusätzlich dreimal in der Woche putzen ging, um einigermaßen über die Runden zu kommen. Und einen Enkel mit –

wie stand es in dem Schreiben – schädlicher Neigung. Na, herzlichen Glückwunsch. Glanzleistung!

»Ich hab mich umgehört«, führte Ben weiter aus. »Das Antigewalt-Training ist gar nicht mal so schlecht. Gerade bei uns hier im Landkreis. Da gibt es zwei Leiter, die echt was draufhaben sollen: Uwe Katzner und Thomas Maus. Die beiden sollen ...«

Maik kicherte in sich hinein. Katzner? Maus? Katz und Maus? Jetzt endlich verstand er die Bemerkung, die Alex neulich gemacht hatte: »Wenn du Glück hast, kommst du zu Tom und Jerry«. Maik hatte ihn schon die ganze Zeit fragen wollen, was das bedeutete, doch er hatte es ständig vergessen. Jetzt wusste er es endlich: Tom und Jerry, Katz und Maus.

Ben entdeckte das Grinsen seines Enkels und verlor die Geduld. »Amüsiert dich, was ich sage? Hast du Spaß?« Er war jetzt nicht mehr zu bremsen: »Für dich ist das Leben nur ein einziges Spiel, oder? Aber ist dir mal aufgefallen, dass du ständig verlierst? Wenn ich sehe, wie die meisten deiner Altersgenossen im Leben vorankommen. Sie alle würfeln dauernd Sechsen und hüpfen die Karriereleiter hinauf, während du eine Eins nach der anderen würfelst. Falls du überhaupt mal einen Würfel in die Hand nimmst!«

Nun schlug er einen Ton an, der Maik gar nicht gefiel. Mit eindringlicher Stimme betonte er beinahe jedes Wort: »Mensch, Maik! Was ist denn nur los? Ich erkenne dich nicht mehr wieder. Mal bist du der netteste Junge, den ich kenne. Hilfst mir im Schrebergarten, bringst deiner Mutter Blumen mit. Und dann ... dann bist du manchmal so ... so ... Du bist ... manchmal ... so ... Ach!« Bevor er die Worte aussprach, die ihm in den Sinn kamen, verfiel er wieder in den vorherigen Belehrungston: »Hör zu!« Er griff sich den Bescheid des Amtsgerichtes und hielt ihn Maik unter die Nase. »Die Herren Katzner und Maus haben einen außerordentlich guten Ruf. Und ich bestehe darauf, dass du dorthin gehst. Hast du mich verstanden?«

Maik überlegte, was Alex damit gemeint haben könnte: »Wenn du Glück hast, kommst du zu Tom und Jerry.« Glück? Meinte er, weil Maik bei den beiden Trainern ebenso abhängen konnte wie in der Berufsförderungsmaßnahme? Oder hatte er es ironisch gemeint? Und die beiden waren solche Drill-Generale, wie man sie aus dem Fernseher kannte? Solche Bootcamp-Idioten, die ihre Teilnehmer pausenlos anbrüllten und sie ordentlich fertigmachten? Tja, wenn mein Großvater sie okay findet, dachte Maik, dann gehe ich mal von der zweiten Variante aus. Dieser Gedanke gefiel ihm überhaupt nicht.

»Überleg dir mal, was du aus deinem Leben machen möchtest«, appellierte Ben nun noch mal an seine Vernunft.

In diesem Moment unterbrach Maiks Mutter das Gespräch: »Nein, Papa, es kommt nicht mehr darauf an, was er möchte. Maik, das AGT ziehst du durch. Klar? Einmal im Leben bringst du was zu Ende. Ich hab keine Ahnung, was ein AGT ist, aber du gehst dahin. Hörst du? Du brauchst mir sonst auch keine Blumen mehr zu bringen. Zeig mir einmal nur – ein einziges Mal –, dass ich keinen Schwächling und Feigling großgezogen habe!«

Das saß! Maik starrte seine Mutter an. Er blickte direkt in ihre roten Augen hinein. Er ein Schwächling? Ein Feigling? In seinen Gedanken schoben sich Bjarnes und Jonas' Stimmen über die Stimme der Mutter: »Loser.«

Konnte das sein? Dachte nun auch schon seine Mutter, dass er ein Loser war?

Dieser Gedanke stach ihm ins Herz.

Also gab er sich geschlagen: »Ja. Gut. Ich gehe zu diesem AGT!«

»Versprochen?«

»Ja«, sagte Maik. Und er meinte es auch so. »Versprochen!« Doch damit wandte er sich um und flüchtete aus der Wohnung. Nun war es wirklich Zeit für seine Zigarette.

»Scheiß AGT!« Wütend donnerte Maik seine Faust gegen den Schrank in seinem Zimmer. Das Gespräch mit seiner Mutter und Big Ben lag nun eine Woche zurück. Und seither gingen sie ihm nicht mehr aus dem Kopf, diese drei doofen Buchstaben: AGT. Er wusste noch immer nichts darüber, außer dass sich dahinter Sozialfuzzis verbargen, die alles besser wussten und ihm gute Ratschläge geben wollten und ...

Selbst im Internet hatte Maik nur vage Berichte oder hoch komplizierte Erklärungen gefunden, die ihm nicht weitergeholfen hatten. Und wenn er Alex oder Paul danach befragte, rückten die auch nicht mit der Sprache raus, sondern machten nur Andeutungen und Insider-Witze oder erzählten irgendwelchen unrealistischen Horror-Stumpfsinn von Gehirnwäschen und Prügelattacken, durchgeführt von den angeblichen Pädagogen Katzner und Maus.

Maik verfluchte Lynch, diese Richterin, wohl zum tausendsten Mal. Dieser ganze Mist sollte endlich aufhören – oder wenigstens beginnen.

Alle saßen ihm damit im Nacken. Die Worte seiner Mutter gingen ihm nicht aus dem Kopf: »Einmal im Leben bringst du was zu Ende. Zeig mir einmal nur, dass ich keinen Schwächling und Feigling großgezogen habe!«

Und Julia? Sie stieß genau in dasselbe Horn: »Mach das!«, hatte sie neulich am Telefon zu ihm gesagt. Dabei hatte er sie nur zu einem Eis einladen wollen. »Zieh das durch. Das ist gut für dich.« Nur zu einem Eis! »Das ist gut für uns beide!«

Doch statt sie zur Eisdiele abzuholen, hatte er nur genervt aufgelegt. Von ihr hatte er sich mehr Unterstützung erhofft. Sie hätte ihm doch helfen können, sich gegen all diese Leute zu wehren, die ihn zum AGT treiben wollten. Wenn er dorthin ginge, dann doch nicht, weil sie alle es so wollten. Nein, er würde gehen, weil er es für richtig ... nein, weil er es für wichtig ... nein: Weil er es so bestimmte und es wollte und das müssten sie doch alle ...

Das Handy vibrierte. Maik nahm es zur Hand und blickte auf Julias Foto auf dem Display. So wie vor ein paar Tagen. Er seufzte. Ob es heute mit der Einladung zum Eis funktionieren würde?

Er drückte die grüne Taste. »Hey!«

»Hey du!«, erklang es vom anderen Ende her. »Wollte mich nur mal melden, um dir alles Gute zu wünschen. Für heute. Also nachher. Ist ein wichtiger Tag für dich, nicht wahr?«

»Ja. Klar. Wichtig.« Er hätte kotzen können. Also tatsächlich kein Eis. Nein, kein E-I-S. Sie rief bloß wieder an wegen dieser anderen drei Buchstaben: A-G-T.

Und da kamen die Worte, die Maik beinahe zum Kotzen brachten: »Zieh das durch!«

»Ja. Mach ich. Tschüss!« Er legte auf, bevor sie ihren nächsten Spruch loslassen konnte. »Das ist gut für dich!«, kickste er hämisch und donnerte noch einmal die Faust gegen die Schranktür. Woher wollte sie das denn wissen? Woher wussten eigentlich alle, was gut für ihn war, außer ihm selbst?

Ein wichtiger Tag heute, hatte sie gesagt. Daran konnte

man sehen, dass sie keine Ahnung hatte. Heute war nur ein Vorstellungsgespräch. AGT-Interview nannte man das. Bescheuerter Name. Interviews gaben Stars und Sportler und keine ... Jetzt hätte er es fast selbst gedacht, dieses Wort: Loser.

Wer war denn der größere Loser? Der, der solch einen Mist nicht mitmachte und darauf pfiff? Oder der, der brav das tat, was diese Sozialfuzzis von einem wollten?

Ach Shit!

Warum er sich nun doch richtete, verstand er selbst nicht. Auch, dass er duschen ging, wunderte ihn. Das tat er sonst nicht einmal, wenn er Julia traf. Und jetzt stand er hier und seifte sich ein. Suchte anschließend sogar eine frische Jeans hervor. Als ob seine Trainingshose es nicht auch getan hätte. Mann – er erkannte sich selbst nicht wieder, als er an dem hohen Spiegel im Flur vorbeiging. War er ferngesteuert? Fremdbestimmt? Hatte die Gehirnwäsche schon eingesetzt?

»Maik! Klasse!« Seine Mutter war bereits von der Arbeit zurück und musterte ihn von oben bis unten. »Bin begeistert!«

Er setzte sich an den Tisch und tat so, als sei ihm das egal. Doch insgeheim vermutete er, dass er die ganze Show für sie abzog. Oder für Julia. Oder für beide.

Sie setzte sich zu ihm an den Tisch, sagte aber kein weiteres Wort mehr. Stattdessen schob sie ihm ihre Packung Zigaretten hin. Die nächsten Minuten blickten sie den Rauchwolken hinterher. Schließlich erhob sich Maik.

»Dann mal bis heute Abend.«

»Alles Gute, Maik«, sagte sie vorsichtig, doch es klang in ihm nach, als hätte sie gerade eine ganze Liste an guten Ratschlägen heruntergebetet. »Vielleicht nimmst du den

Stein von Julia mit«, rief sie ihm noch nach. »Das ist eine schöne Idee von ihr. Ich mag sie gern. Julia.«

Er verdrehte die Augen. Vielleicht hätte er seiner Mutter nichts von Julia erzählen sollen. Egal. Er ging in sein Zimmer und schnappte sich vom Wandregal den kleinen weißen Kieselstein, den sie ihm geschenkt hatte. »Dein ganz eigener Glücksstein«, hatte sie ihn genannt. Maik betrachtete ihn kurz. Ein Smiley war daraufgemalt und darunter standen in winzigen Buchstaben die Worte »Alles Gute, Maik«. Ausgerechnet! Ausgerechnet exakt dieselben Worte, die seine Mutter vorhin gebraucht hatte.

»Ihr Weiber seid doch alle gleich«, brummte er ärgerlich vor sich hin, steckte aber den Stein in die Hosentasche.

# 6

Maik starrte auf den Busfahrschein, den seine Mutter ihm schon vor Tagen gekauft hatte, und grummelte noch immer vor sich hin. Einige der übrigen Wartenden traten vor. Maik sah auf und erkannte die Buslinie, die direkt an der Kreisverwaltung halten würde. Der Bus, über dessen Windschutzscheibe »Zu Maiks AGT-Interview« geschrieben stand. Zumindest fühlte es sich so an. Maik schien es, als wüssten alle, wo ihn der Weg heute hinführen sollte.

»Ihr könnt mich mal!«, knurrte er, obwohl niemand Notiz von ihm nahm. Und während die Passanten in den Bus stiegen, zerknüllte Maik den Fahrschein, warf ihn zu Boden und steckte die Hände in die Hosentaschen. »Alle könnt ihr mich!«, brummte er und blieb auf der Bank sitzen. Seine Finger spielten mit dem Kieselstein, den Julia ihm geschenkt hatte.

Doch in dem Moment, in dem sich zischend die Türen schlossen, kam Leben in Maik. »Stopp«, schrie er auf, angelte die Karte vom Boden und presste sie gegen die Scheibe. Erneut öffneten sich die Türen und Maik stieg ein.

Sauer auf sich selbst. Ferngesteuert. Das war er.

Die Hände vor dem Oberkörper verschränkt, saß er wie ein schmollendes Kind im Bus und beobachtete, wie sie von Station zu Station fuhren. Bis die metallene Stimme aus den Lautsprechern verkündete: »Nächster Halt: Kreisverwaltung/Stadtpark.«

Aus dem Fenster konnte Maik das hohe Gebäude erkennen. Er wandte sich ab, denn endlich hatte er einen Entschluss gefasst: Er würde nicht aussteigen! Er würde wieder zurückfahren und schnurstracks in Dr. Züglers Praxis gehen und sich einen Krankenschein ausstellen lassen.

Der Bus hielt. Fahrgäste stiegen ein und aus. Maik blieb sitzen. Immer noch mit verschränkten Armen. Die Türen schlossen sich zischend und der Bus nahm seine Fahrt wieder auf.

Maik blickte verstohlen zur Kreisverwaltung hinüber. Er war nicht ausgestiegen. Warum auch? Er hatte dort nichts verloren.

Seine Hosentasche zeigte eine Delle: Julias Kieselstein. Mit einem blöden Grinsemännchen und einem idiotischen Satz, der ...

»Ach!« Maik sprang auf und stellte sich ungeduldig an die Tür. Er blickte vor zu dem Busfahrer, als ihm einfiel, dass er gerade schwarzfuhr! Seine Karte hatte nur bis zur Verwaltung Gültigkeit.

Mit angehaltenem Atem wartete Maik darauf, dass der Bus endlich stoppte und die Türen öffnete. Er hetzte los. Weg von dem Bus und fort von dem Fahrer, der ihn vielleicht doch noch einholte. Doch noch Ärger machte. Doch noch ...

Maik erkannte die Richtung, in die er gedankenlos gesteuert war: die Kreisverwaltung. Es war gar nicht die Angst vor dem Busfahrer, die ihn rennen ließ, nein, es war die Panik, zu spät zum Termin zu kommen. Er blickte zur Uhr. In zehn Minuten sollte er dort sein. Das war nicht zu schaffen! Na super, jetzt kam er auch noch zu spät.

Maik rannte.

Bis er schweißüberströmt und völlig außer Puste das Gebäude erreichte. Er kramte das zerknitterte Einladungsschreiben aus der Gesäßtasche: Raum 228B, zweite Etage, links.

Er war dankbar, dass er niemanden nach dem Weg fragen musste. Zwei Stufen auf einmal nehmend jagte er die Treppe hinauf. Er war sieben Minuten zu spät. Also: wieder Ärger!

Raum 226 – noch konnte er umkehren.

Raum 226 B – noch war es nicht zu spät.

Raum 227 – Dr. Zügler würde ihn krankschreiben.

Raum 227 B – er müsste nur umkehren.

Raum 228 – Jetzt!

Raum 228 B.

Maik blieb stehen. An der Tür zum Raum hing ein DIN-A4-Papier, auf dem mit dickem Edding geschrieben stand: AGT-Training. Maik zögerte zu klopfen, als er die beiden Stühle bemerkte, die neben der Tür standen. Auf einem saß ein Jugendlicher, den Maik sogar kannte. Zumindest hatte er ihn schon öfter gesehen. Der war auch in der Berufsförderungsmaßnahme, fiel ihm ein. Allerdings hatte Maik bisher kaum etwas mit ihm zu tun gehabt. Er hatte den Namen des Jungen schon einmal gehört. Ansgar? Andreas?

»Andy?«

Der andere nickte. »Wir kennen uns, oder?«

»Aus dem Schnarchverein am Stadtplatz«, antwortete Maik und Andy schnaubte prustend.

»Genau. Du bist noch mal …?«

»Maik!«

Andy hielt ihm eine Faust entgegen und Maik erwiderte den Gruß, indem er mit seiner Faust locker dagegenboxte.

»Auch hier?« Andy nickte in Richtung der Tür.

»Ja. Schon. Eigentlich. Bin bloß zu spät.«

Andy lachte. »Mach dich locker, Mann. Die sind auch zu spät. Vorhin muss einer da gewesen sein, den die über eine

Stunde in die Zange genommen haben. Jetzt haben sie die ganze Kiste nicht mehr im Griff. Ich bin bestimmt vor dir dran. Komm, setz dich!«

Maik ließ sich auf den freien Platz fallen und wusste nicht, ob er erleichtert oder sauer sein sollte. Erleichtert, weil er nun doch pünktlich war, oder sauer, weil er jetzt keine Ausrede mehr hatte abzuhauen.

»Blöde Situation«, knurrte Andy da neben ihm. Bevor Maik nachfragen konnte, wie er das meinte, öffnete sich die Tür. Ein Jugendlicher kam heraus, den Maik nicht kannte, der ihm aber sympathisch erschien.

Maik überlegte, ob er ihn ansprechen sollte, als aus dem Raum eine Stimme erklang: »Danke, Tobias. Wir sehen uns dann bald.«

»Ja, auf bald«, sagte der andere. Er hatte es eilig hinauszukommen.

Ein Mann erschien in der Tür, der das absolute Gegenteil von Schubert war. Maik hatte fest damit gerechnet, hier wieder solche Pädagogen im Stil von Schubert oder Massem anzutreffen.

Schubert war schlank. Nein, eher hager. Er hatte lange Haare, die meist zu einem Pferdeschwanz gebunden waren, und trug Klamotten, die schon ein oder zwei Generationen vor ihm altmodisch gewesen waren.

Hier aber stand einer vor Maik, der groß und kräftig war und sogar durchtrainiert wirkte. Mit seinen kurz geschorenen Haaren und den sportlichen Klamotten hätte Maik ihn niemals für einen Pädagogen gehalten.

»Hallo«, sprach er ihn mit einer markanten Stimme an. »Ich bitte um einen Augenblick Geduld. Wir hängen etwas in der Zeit. Ich denke mal, wir brauchen noch dreißig Minuten.«

Und rasch fügte der Mann hinzu: »Ich hoffe, dadurch entstehen keine Probleme.«

»Was?« Verstand Maik das richtig? Fragte ihn der Mensch da gerade, ob es Maik recht war zu warten? Was war das denn? Maik war perplex. »Äh, nein«, sagte er schnell. »Das geht in Ordnung. Ich kann warten.«

Der Mann strahlte über das ganze Gesicht. »Das freut mich. Probleme wollen wir nämlich keine machen.«

Nach diesen Worten ging er Andy voraus in den Raum und schloss die Tür hinter sich.

Maik starrte auf die geschlossene Tür. Damit hatte er nicht gerechnet. Das war so unerwartet. Er ließ den Blick zu dem Zettel an der Tür schweifen, um sich zu vergewissern, ob er hier auch richtig war. Doch tatsächlich: Auf dem Schild stand AGT-Training.

Maik starrte sie an, diese drei Buchstaben, die ihm bis vor wenigen Minuten noch einen kalten Schauer über den Rücken gejagt hatten. Doch nun huschte ein Lächeln über sein Gesicht. Das war doch ein netter Einstieg. Ein Mann, mit drei Ordnern bepackt, lief an ihm vorbei. Maiks Lächeln gefror. Es war ein winziger Vorgang gewesen, der nur den Bruchteil einer Sekunde gedauert hatte. Doch dies war völlig ausreichend gewesen, um Maiks Stimmung sofort und augenblicklich auf den Nullpunkt sinken zu lassen.

Der Mann hatte zuerst Maik angesehen, dann das Schild an der Tür gelesen und schließlich – mit einem völlig veränderten Blick wieder zu Maik geschaut. Dieser Blick war so abschätzend gewesen – nein, abschätzig. Als wisse er genau, warum Maik hier war und was er alles auf dem Kerbholz hatte.

Kein Zweifel: Dieser Fremde wusste, was ein AGT war, und er konnte sich denken, warum Maik hier saß.

Ihn fröstelte.

Er ließ den Blick durch den langen Gang schweifen. Immer wieder kam jemand vorbei. Meistens waren die Leute allein. Die meisten trugen Akten oder Taschen oder Ordner mit sich herum. In der Hauptsache handelte es sich wahrscheinlich um Mitarbeiter der Verwaltung. Leute also, die sich auskannten in diesem Haus. Mit dem, was sich darin abspielte. Mit dem, was ein AGT war. Und mit dem Grund, warum jemand neben diesem Schild warten musste.

Maik sah sich jeden Passanten genau an. Er versuchte, ihre Blicke einzufangen. Jetzt wusste er genau, was Andy vorhin gemeint hatte, als er »Blöde Situation« geknurrt hatte. Maik wäre noch eine ganze Menge anderer Begriffe eingefallen.

Hier saß er. Wie auf einem silbernen Tablett. Seit einer Viertelstunde. Hätte ihm jemand gesagt, dass er schon seit einem Vierteljahrhundert dort saß, er hätte es sofort geglaubt. Dieses verdammte Schild, das Maik am liebsten heruntergerissen hätte. Erst das Schild abreißen, dann die Tür eintreten und dann die Leute anschreien: »Ja! Ich bin's. Der AGT-Loser. Bin nicht so toll wie ihr. Bin eine Pfeife. Bin ...«

Er blickte auf den Boden. Nur nicht die Ruhe verlieren. Nicht jetzt!

Wie er die nächste Viertelstunde überleben sollte, das wusste er nicht. Zusammengekrümmt saß er auf seinem Stuhl und wartete auf das erlösende Öffnen der Zimmertür. Und endlich – endlich – war es so weit.

Andy trat aus dem Raum, zwinkerte Maik zu. Und dahinter erschien wieder der fröhliche Pädagoge und winkte Maik herein.

»Hast du noch immer Zeit für uns?«

Maik nickte und folgte dem Mann in Zimmer 228 B. »Nehmen Sie Platz, Maik.«

Er wurde gesiezt? Maik versuchte, sich auf das bevorstehende Gespräch zu konzentrieren.

Er war mehr auf eine »Verhör-Situation« gefasst gewesen. Doch stattdessen fand er drei Stühle vor, die locker gruppiert in der Mitte des Raumes standen und von denen einer besetzt war. Gerade erhob sich der Kollege und kam auf Maik zu.

Ein Radfahrer, tippte Maik. Der Typ war schlank, beinahe hager. Unter seiner kurzen Hose zeigten sich muskulöse Unterschenkel. Touren-Radfahrer, vermutete Maik und blickte auf. Zwei strahlend blaue Augen sahen ihm entgegen. Freundlich. Aufmerksam. Keinesfalls argwöhnisch lauernd, wie Maik es sonst in solchen Situationen gewohnt war.

»Schön, dass Sie gekommen sind«, begrüßte der Mann ihn freundlich.

Da wieder: Sie.

»Sie sagen Sie zu mir?«, fragte Maik verdutzt und merkte erst, nachdem er ihn ausgesprochen hatte, wie dämlich sich dieser Satz anhörte.

»Muss nicht sein«, bekam er zur Antwort. »Wir können auch Du sagen. Ganz wie Du willst oder wie Sie das mögen.«

»Dann sagen Sie bitte Du«, sagte Maik. »Ich bin Maik.«

»Gern«, sagte der Radfahrer und streckte ihm die Hand aus. »Mein Name ist Thomas Maus.«

»Und ich bin Uwe Katzner«, stellte der andere sich vor. »Wir sind deine zukünftigen AGT-Trainer.«

Maik nickte ihnen zu. Etwas irritierte ihn. Verblüfft folgte er mit den Augen dem Unterarm von Thomas Maus. Dieser bemerkte seinen Blick. »Gefällt's dir?«

Maik schoss das Blut in den Kopf. Auf keinen Fall hatte er den AGT-Trainer anstarren wollen.

»Nun ... äh ...«

»Sag ruhig deine Meinung.«

Maik kramte nach einer höflichen Formulierung: »Meine Sache ist das nicht«, sagte er schnell.

Die beiden AGT-Trainer lachten augenblicklich auf.

»Echt diplomatisch«, meinte Thomas Maus. »Sag doch, wie du es meinst: Das Ding sieht dämlich aus!«

Maik stand den beiden ratlos gegenüber. Statt zu antworten, nickte er nur.

»Ich kann das erklären«, sagte Thomas Maus und streckte seinen Unterarm hervor, sodass sein Tattoo nun deutlich zu sehen war: Ein stümperhaft ausgeführtes Kreuz in verblasster blauer Farbe prangte auf seinem Arm, etwa zehn Zentimeter groß. Mit blauer Tinte, wie aus einem Füller, musste ihm jemand das Ding verpasst haben. Allerdings ohne die geringste Übung. Die Linien waren zittrig ausgeführt, das Kreuz unsymmetrisch und schief.

»Katastrophe, oder?«, meinte Maus.

Maik wusste noch immer nicht ... »Wie gesagt: Mein Fall ist es nicht.«

Plötzlich änderte sich Thomas Maus' Tonfall. Er wurde ernst: »Ich weiß, das Ding ist hässlich. Schrecklich. Eine Zumutung. So ein ganz typischer Fall von jugendlichem Leichtsinn. Auf einer Fete entstanden. Aus einer Laune heraus.«

»Aber so etwas kann man doch heutzutage wegmachen lassen«, gab Maik zu bedenken. »Oder ein anderes Tattoo drüberstechen lassen oder ...«

»Ja. Ich weiß. Doch dieses Tattoo stammt von dem besten Freund, den ich je in meinem Leben hatte. Wir sind gemeinsam durch alle Höhen und Tiefen gegangen. Wir kannten uns seit der ersten Klasse. Er hat mir dieses Ding verpasst. Und dann ... tja, kurz darauf ist er ums Leben gekommen. Bei einem idiotischen Autounfall. Nicht mal seine Schuld. Verstehst du, jedes Mal, wenn ich daran denke, mir dieses hässliche Tintenkreuz entfernen zu lassen, dann sehe ich meinen Freund vor mir. Ich hab das Gefühl, ich würde mir das letzte echte Andenken an ihn nehmen lassen.« Er lächelte. »Und das ist der Grund, warum ich noch immer mit diesem Kunstwerk durch die Gegend renne. Verrückt, oder?«

Maik starrte den Trainer an. Verrückt? Ganz bestimmt nicht. Das war das Netteste, was Maik jemals gehört hatte.

Maik überlegte, ob es in seinem Leben jemanden mit dieser Bedeutung gab, doch es fiel ihm niemand ein. Er konnte den Blick nicht mehr abwenden.

Thomas Maus fiel das auf. Mit einem »Aber dafür sind wir ja gar nicht hier, oder?« streifte er den Ärmel seines Shirts über das Tattoo, setzte sich auf seinen Stuhl neben Uwe Katzner, der sich bereits gesetzt hatte, und bat: »Nimm doch Platz, Maik.«

Er setzte sich. »Schädliche Neigung«, schoss ihm durch den Kopf, als Thomas Maus die Rede aufnahm: »Wir entschuldigen uns noch einmal für die Verspätung. Manchmal lässt sich so etwas einfach nicht planen.«

»Schön, dass du hier bist«, ergänzte Uwe Katzner. »Den Grund kennen wir alle drei. Sagen wir mal so: Ganz freiwillig lernst du uns nicht kennen, was?«

Maik zog als Antwort das zusammengefaltete Einladungsschreiben von Uwe Katzner aus seiner Hosentasche.

»Das kennen wir«, sagte Katzner. »Hab ich geschrieben. Der Auftrag kam vom Jugendgericht. Von Frau Tünsch. Die hast du bereits kennengelernt. Lass uns bitte eines direkt klarstellen: Wir sind nicht – wirklich nicht – der verlängerte Arm des Gerichts.«

Maik runzelte die Stirn. »Ich verstehe nicht ganz ...«

»Wir haben zwar den Auftrag vom Gericht erhalten«, erklärte Maus. »Aber wir müssen ihnen nicht zuarbeiten. Glaub uns, das Antigewalt-Training ist komplett eigenständig und gilt als Trainingsmaßnahme im Rahmen der Jugendhilfe. Alles, was im AGT besprochen wird, und alles, was du uns anvertraust, bleibt unter uns. Wir sind nicht die Berufs-Petzen für Gericht, Jugendamt oder Polizei.«

»Es gibt ein paar Ausnahmen«, übernahm Katzner das Reden. »Wenn das, was wir hören, zu den folgenden Straftatbeständen gehört.« Er hob die Hand und zählte an den Fingern ab: »Räuberische Erpressung und schwerer Einbruchsdiebstahl, Menschenraub – also Entführung –, Mord oder Totschlag oder die Durchführung oder Planung eines terroristischen Aktes. Wenn wir von solchen Dingen erfahren, dann müssen wir das melden, denn in solchen Fällen ...«

Maik fiel ihm aufgeregt ins Wort: »Mit so was hab ich doch gar nichts zu tun. Ich hab doch nur ...«

Katzner lächelte. »Sagt doch auch niemand. Wir wollten dir nur klarmachen, dass wir hier ehrlich miteinander umgehen. Was du uns hier anvertraust, bleibt unter uns. Wenn du uns sagst, dass du gekifft hast oder in eine Schlägerei verwickelt warst. Oder wenn du einfach nur über Familie oder Ausbildung reden willst und dabei Dinge erzählst, die sonst niemanden was angehen. Hier drin sind alle deine Gedanken und Worte sicher. Okay?«

Maik beruhigte sich wieder. »Okay.«

»Das Ganze beruht natürlich auf Gegenseitigkeit«, sagte

Thomas Maus. »Wir sind ehrlich zu dir und du bist ehrlich zu uns. Und zwar: verlässlich ehrlich. Du hast nichts zu befürchten, wenn du dich uns anvertraust. Aber im Gegenzug möchten wir uns auf das verlassen können, was du uns sagst. So gehen wir hier miteinander um. Sagt dir das Wort ›Wertschätzung‹ etwas?«

Maik nickte. »Klar. Wertschätzung. Das meint so was wie Fairness oder Respekt voreinander.«

»Sehr gut«, erwiderte Katzner. »Fairness, Respekt, Höflichkeit, Ehrlichkeit – das alles steckt in diesem Wort Wertschätzung. Genau darauf baut unser Umgang miteinander auf. Wir wollen uns gegenseitig so behandeln, dass sich jeder wertgeschätzt fühlt. Dass er gern in die Gruppe kommt. Dass er spürt, hier kann er sich öffnen. Hier kann er sich den Leuten anvertrauen. Hier ist er angenommen. Und zwar so, wie er ist. Und mit allem, was er mitbringt.«

Maik setzte sich in seinem Stuhl auf und nickte zustimmend. Dafür war er zu haben. Kein Gelaber, ehrliche Worte.

Thomas Maus vertiefte noch einmal: »Lass uns ehrlich miteinander umgehen. Wenn du einmal nicht antworten willst oder kannst, dann sag das einfach. Sag ›Ich weiß es nicht‹, aber versuche nicht, in Lügen zu flüchten. Verstehst du?«

»Ja.« Maiks Aufregung legte sich allmählich. Fast fand er es locker, hier zu sitzen. Zumindest bis zu dem Moment, in dem Uwe Katzner aus der Tasche neben seinem Stuhl einen Ordner zog und ein Papier herausholte. So, dachte Maik und wappnete sich. Jetzt wird es pädagogisch. Bürokratisch. Jetzt kommen sie zur Sache.

»Wir haben hier einige Fragen zusammengetragen, die wir dir stellen möchten«, erklärte Katzner. »Das machen wir mit allen AGT-Teilnehmern. Ist das in Ordnung?«

Was hätte Maik sagen sollen? Bleiben Sie mir weg mit diesem Mist? »Klar ist das okay.«

»Schön!« Katzner sah auf das Papier. »Es sind alles Dinge, die direkt mit dem AGT und mit deiner Verurteilung zu tun haben. Wir fangen einfach mal an: In welchem Alter hast du mit den Schlägereien angefangen?«

Den Schlägereien. Das klang, als ob er nichts anderes machte in seiner Freizeit. Maik überlegte. Wann hatte das begonnen? Was war seine erste Schlägerei gewesen? Gab es einen Unterschied zwischen Schlägereien und Prügeleien? Er schätzte einfach: »Achtes Schuljahr. So mit dreizehn oder vierzehn Jahren.«

Katzner nickte, notierte sich die Antwort auf dem Papierbogen und stellte die nächste Frage: »Wie oft hast du dich bisher geschlagen?«

Das wurde doch ein Verhör, er hatte es ja geahnt. »Ein paar Mal. Immer wieder. Zwischendurch.«

»Gibt es da eine Zahl?«

Maik zuckte mit den Schultern. Welche Schlägereien meinte denn der AGT-Trainer? Alle? Oder nur die, bei denen Maik jemanden verletzt hat? Oder nur diejenigen, bei denen er erwischt worden war?

Er wagte nicht nachzufragen, wollte aber auch nicht zu viel preisgeben und entschied sich, die Zahl der Schlägereien zu schätzen, bei denen er so heftig zugeschlagen hatte, dass Blut geflossen war. »Etwa zwanzig«, sagte er und wunderte sich selbst über die hohe Zahl.

Katzner und Maus zeigten keine Regung. Stattdessen kam die nächste Frage: »Schlägst du oder trittst du zu? Und wohin am liebsten?«

Das war leicht. »Ins Gesicht. Immer ins Gesicht. Wenn das nicht geht, dann in den Bauch. Also Schläge.«

»Setzt du Techniken ein?«

Techniken? »Nein. Immer drauf. Aufs Gesicht.«

»Wann ist eine Schlägerei für dich beendet?«

Maik spürte, wie sein Puls zu pochen anfing. Die Erinnerungen an seine Schlägereien ließen das Adrenalin in die Höhe schießen. »Wenn der andere aufgibt. Oder zumindest am Boden liegt. Dann, wenn ich einmal draufgetreten habe.«

»Getreten?« Nun schaltete sich Thomas Maus ein. »Du sagtest doch, du schlägst nur.«

Maik fühlte sich ertappt. »Entschuldigung. Manchmal gibt es auch Tritte.«

»Manchmal?«

»Oft.«

»Jedes Mal?«

Maik sah einen Schuh vor seinem inneren Auge. Er sah sich selbst, wie er damit zutrat. Ins Gesicht. Auf den, der am Boden gelegen hatte. Direkt ins Gesicht von Bjarne. Und von den anderen. »Ja, fast jedes Mal.« Seine Stimme war leise.

Uwe Katzner ging zur nächsten Frage über: »Merkst du vorher, ob und wann es zu einer Prügelei kommt?«

»Nein«, gab Maik ehrlich zu. »Manchmal geht das einfach los. Auf einmal schlage ich zu.«

»Wie fühlst du dich unmittelbar nach einer Schlägerei?«

»Na, wie man sich dann halt fühlt. Der ganze Körper tut weh. Irgendwo blutet man meist, aber es ist Ruhe. Der andere hält endlich die Klappe.«

»Wie musst du drauf sein, um einen anderen zusammenzuschlagen?«

»Drauf sein? Ich muss nicht irgendwie drauf sein. Es reicht, wenn der andere mir doof kommt. Wenn er mich beleidigt oder einen meiner Kumpels.«

Maik antwortete schnell. Fast gefiel ihm diese Fragerei. Das war mal was anderes, als nur über die schlechten
Schulnoten befragt zu werden oder Berufsaussichten. Hier
kannte er sich aus. Das war sein Thema.

Katzner notierte sich Maiks Antwort, dann fuhr er fort:
»Welche Rechtfertigung hast du für deine Tat?«

»Na, wie ich schon sagte: Wenn mir einer doof kommt.
Mich schlechtmacht. Oder einen meiner Freunde ...« Er
blickte auf Thomas Maus' Tattoo und korrigierte sich:
»Oder einen meiner Kumpels. Dann kriegt er eins drauf.
Gilt das als Rechtfertigung?«

Katzner schrieb die Sätze auf und machte weiter. »Was
denkst du über deine Opfer?«

»Die hätten mich ja in Ruhe lassen können«, kam die
Antwort.

»Hast du Schuldgefühle?«

»Nein!« Die können mich ja einfach in Ruhe lassen, dachte Maik für sich.

Katzner setzte die Befragung fort: »Welche Gefühle hast
du, wenn du schlägst?«

»Keine. Doch: Wut. Nein, wütend bin ich ja vorher. Während der Schlägerei habe ich keine Gefühle. Da hau ich nur
drauf. Da ... höchstens doch: Wut.« Er kratzte sich unsicher
am Kopf.

»War es schon mal eine Heldentat?«

Heldentat? »Nein. Eher nicht.« Aber manchmal schon,
doch er würde das nicht zugeben. Diese Fragerei hier verlor allen Spaß.

Auch die nächste Frage war idiotisch: »Welche Strafe findest du für deine Gewalttaten gerechtfertigt?«

Er hatte doch seine Strafe. Deshalb saß er ja hier. »Weiß
ich nicht«, sagte er ein bisschen trotzig und war gespannt

auf die Reaktion. Thomas Maus hatte doch vorhin gesagt, sie sollten ehrlich miteinander umgehen. Keine Lügen.

Es gab keine besondere Reaktion. Katzner notierte es auf seinem Zettel und ging zur nächsten Frage über: »Was könnte dich abhalten, wieder zuzuschlagen?«

Am liebsten hätte Maik wieder »Weiß nicht« gesagt. Was sollte die Fragerei denn bringen?

»Wenn man mich in Ruhe lässt«, sagte er stattdessen. »Wenn mir keiner blöd kommt, gibt es auch keine Schläge.«

Doch dann kam eine Frage, die Maik herausforderte: »Was willst du an dir ändern?«

Maik blickte zu Katzner, der ihn interessiert anschaute, und wusste erst einmal keine Antwort. Wie ein Echo hallte es in seinem Kopf wider: »Was willst du an dir ändern?«

Blöde Frage. Das Berufsförderungs-Ding, das wollte er ändern. Oder besser: seine ganze Vergangenheit. Die wollte er ändern. Aber das konnte er so nicht sagen. Die Schulden bei seiner Mutter. Die verbalen Angriffe seines Großvaters. Julias seltsamer Blick, wenn sie über ihre Beziehung redeten. Sein Schulzeugnis. Das Shirt, das er trug. War dieser Katzner eine Fee, die Wünsche erfüllte? Nichts wollte Maik ändern. Oder eben alles. Oder ...

Er seufzte. Schweißperlen bildeten sich auf seiner Stirn. Er hatte eine Antwort auf die unerträglichen Fragen, doch er traute sich nicht, sie zu sagen. Er schaute stumm auf Katzner, dann auf Maus, dann wieder auf Katzner und wagte es. Er gab die einzige Antwort, die er wusste. Die einzig ehrliche Antwort: »Diese Frage möchte ich nicht beantworten«, sagte er.

Die beiden AGT-Leiter nickten und Katzner notierte.

Maik wischte sich den Schweiß von der Stirn. Er war

überrascht. Mit allen möglichen Reaktionen hatte er gerechnet. Aber damit?

Schon stellte Katzner die nächste Frage: »Was sind deine Stärken, Maik?«

Schrebergarten! Das war das Erste, was ihm einfiel. Doch auch das wollte er hier nicht preisgeben. Darum sagte er das Nächstbeste, was ihm einfiel: »Ich bin immer für meine Kumpels da.«

»Was sind deine Schwächen?«

Julia. Meine Familie. »Ich bin nicht immer pünktlich«, sagte Maik.

Für Katzner und Maus war die Antwort ausreichend. »Was war deine mieseste Tat bisher?«

Bjarne! Wie er schrie und sich krümmte. Und dazu seine Fäuste und Fußtritte. Er selbst in einem Tunnel, voller Hass auf Bjarne, den er zum Schweigen bringen wollte. »Das, warum ich hier bin«, sagte er, denn er ging davon aus, dass die beiden über jedes Detail Bescheid wussten.

Die nächste Frage: »Welche Verletzungen sind dir zugefügt worden?«

Die Fragen wurden wieder leichter. Dennoch wollte Maik allmählich weg hier. Er fühlte sich erschöpft und ausgelaugt. »Ein paar Knochenbrüche«, gab er müde zur Antwort. »Und zwei Zähne wurden mir mal ausgeschlagen.«

»Dann habe ich nur noch eine Frage«, sagte Katzner. »Welches ist die schlimmste Verletzung, die du einem Opfer bisher zugefügt hast?«

»Das, was ich mit Bjarne gemacht hab. Sie kennen das aus der Akte.« Das war die einfachste Antwort gewesen. Es war genug. Aufhören!

»Danke«, sagte Thomas Maus. Es war tatsächlich die letzte Frage gewesen. »Ich denke, damit können wir gut arbeiten. Jetzt nur noch zwei Dinge, Maik. Erstens: Unser AGT-Training beginnt in zwei Wochen. Alle geplanten Termine findest du hier in dem Schreiben. Richte bitte deine Planungen für die nächste Zeit so aus, dass du die Termine, die du hier siehst, immer donnerstags von fünf bis neun Uhr abends verlässlich wahrnehmen kannst. Und noch mal: Es gilt hundertprozentige Anwesenheitspflicht. Im Urteil ist klar festgelegt, dass es sich beim AGT um eine Bewährungsauflage handelt. Solltest du nicht erscheinen, kann das zu einem Bewährungswiderruf durch das Gericht führen. Also klar, was angesagt ist!«

Maik nickte. Das hatte er verstanden. Schnell überflog er die Termine. Wenn er sich nicht verzählte, waren es fünfundzwanzig. Fünfundzwanzig mal vier Stunden. Er schnaufte. Hammer! Das waren einhundert Stunden Training!

Zum Glück war der erste Kontakt mit den Trainern viel positiver verlaufen, als er es sich vorgestellt hatte.

»Ach, eine Bitte haben wir noch«, wandte Thomas Maus sich noch einmal an ihn. »Bitte bring den Nachweis über deine abgeleisteten Sozialstunden zum ersten Termin mit.«

Maik bekam einen Schreck und machte einen Satz nach vorn. Um nicht vom Stuhl zu fallen, klammerte er sich mit den Händen an der Sitzfläche fest: »Sozialstunden?«

»Na, du weißt schon. In deinem Urteil steht, dass du achtzig Sozialstunden abzuleisten hast. Und das vor dem Beginn des AGTs.«

Maik starrte Maus entgeistert an. »Kann sein, dass das dadrin stand. Ich hab das wohl überlesen oder nicht genau beachtet oder ...«

Maus rümpfte die Nase. »Kenn ich. Dieses fürchterliche Beamtendeutsch. Ich lese auch lieber die Tageszeitung.

Dennoch, Maik, das ist wichtig! Du musst die Sozialstunden gemacht haben, sonst kannst du am AGT nicht teilnehmen. Und das hat Konsequenzen.«

Die Konsequenz war klar: Knast!

Katzner legte den Ordner und den Papierbogen zur Seite: »Klemm dich dahinter«, sagte er. »Wenn du Hilfe brauchst, eine Stelle zu finden, gib uns Bescheid, ja?«

Maik konnte nur noch nicken. Nun fühlte er sich endgültig in einem Albtraum gefangen.

Maus streckte ihm die Hand hin. »Na denn, Maik, wir werden uns in der nächsten Zeit also öfter sehen, was?«

Maik drückte die Hand. »Ja. Danke. Tschüss dann.«

»Wiedersehen, Maik«, sagte Maus, während Katzner Maik zur Tür begleitete und hinter Maik hinaustrat.

»Das also war dein erster AGT-Kontakt. Ist alles okay?«

Maik nickte erst, dann schüttelte er den Kopf. »Das mit den Sozialstunden ...«

»Ruf mich einfach morgen früh mal an. Wir finden was für dich.«

»Danke.«

Maik bemerkte, wie Katzner zu den Wartestühlen neben der Tür blickte und die Augenbrauen hob. Maik folgte dem Blick. Beide Stühle waren leer.

»Oh«, stieß Katzner hervor. »Da scheint uns jemand vergessen zu haben.«

»Kommt denn noch jemand?«, erkundigte sich Maik.

»Es sollte zumindest noch jemand kommen. Aber der hat es wohl vorgezogen, seinen Termin nicht wahrzunehmen.«

Maik fragte: »Und was geschieht jetzt mit ihm?«

»Ich werde in meinem Büro schauen, ob es eine Nachricht gibt. Kann ja sein, dass wirklich etwas Gravierendes dazwischengekommen ist. Doch wenn ich keine Nachricht

habe, dann hat der junge Mann seine Chance nicht wahr-
genommen und muss die Konsequenz tragen.«

»Konsequenz?«

»Er wird wohl Post vom Gericht bekommen. Seine Be-
währungsauflagen nicht einzuhalten, ist ein Verstoß gegen
das rechtskräftige Urteil.«

Maik hakte nicht mehr nach. Ihm war klar, was das hieß:
Knast. Maik verstand in diesem Moment, dass das alles
kein Spiel war. Dass es hier tatsächlich um mehr ging, als
nur seine Zeit abzusitzen oder Krankenzettel abzugeben.

Er verabschiedete sich von Katzner, warf den beiden
leeren Stühlen einen letzten Blick zu und ging aus dem
Verwaltungsgebäude. In Gedanken wälzte er bereits das
Sozialstunden-Problem, das er schleunigst angehen musste, wenn sein Stuhl während des AGTs nicht ebenfalls un-
besetzt bleiben sollte.

# 7

Fäuste wirbelten umher. Treffer. Fehlschläge. Und immer wieder mit neuer Kraft.

Tritte. Gegen Schienbeine. In die Luft.

Und mittendrin: Maik. Er versuchte, die Fäuste des anderen zu packen. Doch der schlug so unkontrolliert um sich, dass Maik dauernd danebengriff. Mit einem Mal hatte Maik selbst die Faust mitten im Gesicht.

Mit seinen geübten Reflexen packte Maik blitzschnell zu. Endlich hatte er die wirbelnde Faust gepackt.

»Bernd!«, schrie er. »Hör auf!«

Als der andere seinen Namen hörte, wurde er tatsächlich ruhiger. Die Anspannung in seinen Muskeln erschlaffte und er ließ seine Hände sinken. Mit fragendem Blick schaute er auf Maik.

»Mensch, Bernd. Was ist denn los?«, fragte Maik besorgt, dann wandte er sich um. »Michel, alles klar?«

Der kleine Kerl gab ein Bild der Verzweiflung ab. Mit gesenktem Kopf, die Unterlippe traurig vorgeschoben, die Augen voller Tränen stand er vor Maik.

»Siehst du das, Bernd«, schimpfte Maik. »Du hast ihm Angst gemacht. Was ist denn nur los?«

Bernd schaute schmollend zu Boden. »Eigentlich haben wir wegen dir gestritten.«

»Was? Wegen mir?

»Wegen dir und wegen des Helfersystems.«

Maik verstand kein Wort. Hier stand er, mitten in der

Wiese vor Bernds Schule, und kam sich so ratlos vor wie lange nicht mehr. Heute leistete er seine letzten Sozialstunden ab. Schon einen Tag nach dem AGT-Interview hatte sich Maik bei Katzner gemeldet.

»Was liegt dir denn eher?«, hatte Katzner gefragt, nachdem Maik ihm am Telefon von seiner Abneigung gegen Rohrestapeln und Werkzeugsortieren, wie er es im Bauhof für die Berufsförderung machen musste, erzählt hatte.

»Weiß nicht«, war die Antwort gewesen. »Irgendwas draußen vielleicht? Gartenarbeit oder so?«

Zwei Stunden hatte es nur gebraucht, da hatte Katzner zurückgerufen: »Hey, du kannst morgen schon in der Förderschule ›Anne Frank‹ anfangen. In der Kreuzstraße. Das müsste sogar ganz in deiner Nähe sein. Dort ist die Förderschule für geistig Behinderte.«

»Kreuzstraße. Ja, klar. Zwanzig Minuten zu Fuß.«

»Du kannst dem Hausmeister bei der Außenanlage helfen. Gartenarbeit eben. Wie du es wolltest. Also abgemacht? Sag ich dort zu?«

Gartenarbeit klang gut. In einer Idiotenschule? Maik schüttelte sich. Aber weil er wirklich keinen Ausweg sah und seine vielen Sozialstunden innerhalb von zwei Wochen abzuleisten hatte, sagte er zu.

Am nächsten Tag hätte er sich am liebsten gedrückt. Doch er wollte sich nicht Katzners Missmut zuziehen. Immerhin hatte der AGT-Trainer sich für Maik eingesetzt. Er war an die Schule gekommen und hatte Herrn Sperling, den Hausmeister, und dessen Gehilfen, Lothar – einen Ein-Euro-Jobber – kennengelernt. Die beiden hatten ihn herumgeführt und Sperling hatte schließlich gemeint: »Das da ist euer Reich, solange du hierherkommst.« Und dabei hatte er auf den kleinen Park gezeigt, der zur Schule gehörte und vor allem für die Pausen genutzt wurde. »Die Kids sollen Natur haben«, hatte Sperling erklärt. »Deshalb haben wir diesen Park angelegt. Und ihr beiden sorgt für die entsprechende Ordnung.«

Und das hatten sie getan. Lothar und Maik. Beide fanden Gefallen an dieser Arbeit. Sie hatten zwei Wochen lang Sträucher zurückgeschnitten, neue Beete angelegt, Rasen ausgesät, morsche Äste aufgesammelt. Es war eine schöne Aufgabe, dafür zu sorgen, dass die Kinder im Park herumtollen konnten.

Schon am zweiten Tag hatte Maik Bernd kennengelernt. Einen Jungen mit Downsyndrom, der den ganzen Tag übers ganze Gesicht strahlte und dessen Mundwerk nie stillzustehen schien. Maik hatte ihn auf Anhieb gemocht. Wann immer Maik zum Dienst kam, hatte er in den Pausen Bernd an der Seite, der ihm helfen wollte. Und einiges zu erzählen hatte.

Doch so aufgebracht wie heute hatte er Bernd noch nie erlebt. Völlig außer sich war er auf den kleinen Michel losgegangen, der nun in sich zusammengesunken neben Maik stand, mit einer kleinen Harke in der Hand.

»Also Bernd, bitte, erklär mir das«, bat Maik. »Ihr habt euch meinetwegen gestritten?«

Bernd nickte. »Wegen des Helfersystems.«

Maik wusste nicht weiter. »Was heißt das denn?«

Bernd packte Maiks Hand. »Mach mal 'ne Faust.«

»Warum?«

»Mach mal 'ne Faust!«

Maik tat ihm den Gefallen. Bernd drückte Maiks Daumen zur Seite. »Pass auf: Das ist Herr Berlin.«

»Herr Sperling heißt der. Hab ich dir schon hundert Mal gesagt.«

»Hm. Das ist Herr Sperling.« Jetzt zog er Maiks Zeigefinger hervor. »Und das ist Lothar.«

»Kapiert.«

Nun knibbelte Bernd Maiks Mittelfinger heraus. »Und das bist du. Maik.«

»Ja?«

Zum Schluss zog Bernd noch Maiks Ringfinger hervor. »Das da bin ich.«

»Ich verstehe nicht ...«

»Ich bin ein Helferhelferhelfer.«

»Was?«

»Lothar hilft Sperling. Du hilfst Lothar. Ich helfe dir. Aber mir hilft keiner. Und dabei fehlt doch einer an der Hand.« Er zeigte auf Maiks gekrümmten kleinen Finger und erklärte weiter: »Wir machen hier doch Handarbeit.«

»Du meinst Handwerk?«

»Wir machen hier Handwerk. Und hast du schon mal einen Handarbeiter ...«

»... Handwerker ...«

»... gesehen, der mit nur vier Fingern arbeitet? Das tun die nicht. Die arbeiten immer mit fünf. Wir müssen auch mit fünf Leuten arbeiten.« Bernd lachte Maik mit einem Strahlen im Gesicht an, das einfach ansteckend war.

Maik musste grinsen. Für jemanden, der angeblich eine geistige Behinderung hatte, war Bernd ganz schön auf Zack. »Okay«, sagte er. »Ich gebe zu, das hat eine gewisse Logik.«

Bernd umarmte Maiks Bauch. »Siehst du. Aber Michel ist ein schlechter Helferhelferhelferhelfer. Er haut nur auf die Erde, statt sie zu harken.«

»Deshalb verprügelst du ihn?«

»Er wollte einfach nicht tun, was ich ihm gesagt habe«, verteidigte sich Bernd trotzig.

»Weil er es nicht kann.« Maik legte den Arm um Michel. »Er versteht doch gar nicht, was er machen soll. Und du schlägst gleich auf ihn ein.«

Bernd verstand allmählich seinen Fehler. »Daran hab ich nicht gedacht.«

»Hättest du aber sollen. Du bist älter als er und zweimal so groß. Du kannst doch nicht einfach auf ihn einschlagen!«

Bernd nickte, auf seiner Stirn erschien eine Falte. Ganz offensichtlich überlegte er, wie er das wiedergutmachen konnte. Schließlich hielt er Michel die Hand hin. »Entschuldige.«

Michel griff nach der Hand, schüttelte sie eifrig und lächelte schief. Dann ließ er die Harke fallen und rannte davon.

Bernd drehte sich Maik zu. »Bist du jetzt böse auf mich?«

»Auf dich? Quatsch.«

Bernd drückte sich erleichtert an Maik und Maik umarmte ihn. »Danke«, sagte er, dann rannte er Michel hinterher in die Schule.

»Verrückter Kerl«, brummte Maik ihm nach. Er bückte sich nach der Harke, die Michel hatte fallen lassen, und bemerkte jetzt erst, dass einer der Lehrer, den die Kids Kasper nannten, das Geschehen beobachtet hatte.

»Das war gut«, rief Kasper zu ihm rüber und kam auf Maik zu.

»Ach was«, gab Maik zurück. »Spinnereien.«

»Finde ich nicht. Du warst Bernd gerade eine große Hilfe. Das war eine wichtige Lektion für ihn.«

»Ich ...« Maik wurde fast verlegen.

Kasper klopfte Maik anerkennend auf die Schulter. »Wenn man bedenkt, warum du hier bist.«

Maik spürte, wie es sofort in ihm zu brodeln begann. Nur mühsam gelang ihm ein freundlicher Ton. »Wie meinen Sie das?«

»Na, wenn man bedenkt, dass du selbst wegen Schlägereien hier bist, dann aber gerade gekonnt diesen Streit geschlichtet hast – das macht einen schon nachdenklich.«

Das traf Maik bis ins Mark. »Aber ... aber das kann man doch nicht vergleichen. Das ist doch ...«

Kasper hob die Hand. »Wenn du das so siehst«, sagte er nur noch, dann ging auch er zurück zur Schule. Maik blickte ihm betroffen nach. Was sollte das denn jetzt? Dieser kindische Zoff zwischen Bernd und Michel, das hatte doch überhaupt nichts mit dem zu tun, was ihm passiert war und warum er sich geprügelt hatte. Das konnte man doch nicht vergleichen. Das ...!

Der Lehrer verschwand in der Schultür. Maik hätte ihm am liebsten die Harke nachgeworfen. Ein Glück, dass ich meinen letzten Tag hier habe. Wenn alle hier solch ein Bild von mir haben ...!

Er brachte die Harke zu der Schublade mit den Werkzeugen und warf sie hinein. Er hatte sich wirklich wohlgefühlt hier an dieser Schule. Die Arbeit hatte ihm Spaß gemacht. Doch diese idiotische Äußerung des Lehrers vermasselte ihm zum Schluss noch mal alles. Maik schaute auf die Uhr. Noch eine Stunde, dann war das hier sowieso vorbei.

# 8

Maik kam sich wie ein Dieb vor. Was natürlich Unsinn war. Aber dennoch: Wie oft hatte er solche Szenen schon gesehen, im Kino, im Fernsehen? Der Typ, der verdeckt an der Straßenecke steht und alle paar Augenblicke in die Straße schaut. Genau das machte Maik in diesem Moment erneut. Er beugte sich vor. Aber nur so weit, dass er mit einem Auge um die Ecke schauen konnte. Und endlich tat sich etwas.

Schon über zwanzig Minuten stand er nun an dieser Ecke. Er hatte extra einen früheren Bus genommen. Aber das war ihm die Sache wert gewesen. Er wollte nicht erst wenige Minuten, bevor das AGT begann, eintreffen. Er wollte schon vorher dort sein. Sehen, mit wem er es zu tun hatte. Wer noch zu diesem AGT kam.

Jetzt kamen zwei Kerle von der Bushaltestelle herüber. Das AGT fand in der Schillerschule statt. Die Gesamtschule der Stadt. Die beiden Jungs stellten sich vor den Hofeingang und warteten. Sie kannten sich. Recht gut sogar, denn der eine gab dem anderen gerade eine seiner Zigaretten ab. Sie redeten miteinander und bemühten sich, cool zu wirken. Sie lachten zu laut. Sie redeten zu hektisch. Und vor allem zogen sie viel zu heftig an ihren Kippen.

Sie waren also auch nervös! Das tat Maik gut. Er war nicht der Einzige, der unter Hochspannung stand.

Den einen der beiden erkannte er wieder. Es war derjenige, der aus dem AGT-Raum getreten war, als Andy und

72

Maik im Flur auf ihr eigenes Interview gewartet hatten. Maik kramte in seinem Gedächtnis nach dem Namen. Es war ein ganz gewöhnlicher Name gewesen. Lars? Lukas? Irgendetwas mit »s« am Ende. Markus? Da fiel es ihm ein: Tobias. Das war's. Genau so hatte Katzner ihn verabschiedet: »Tschüss, Tobias.«

Ein Geräusch erklang. Ein Surren. Kurz darauf erschien ein Junge auf einem Skateboard. Er kam die Straße herabgefahren und bremste bei den beiden anderen AGT-Teilnehmern ab. Sie kannten sich wohl nicht. Der Skater grüßte unbeholfen. Die anderen nickten ihm zu, doch es entstand kein Gespräch. Maik konnte erkennen, wie der Skater sich umschaute. Beinahe Hilfe suchend. Ihm setzte das also auch zu.

Ein Bus hielt an der Haltestelle an. Das wäre Maiks Bus gewesen, wenn er den späteren genommen hätte. Die Türen öffneten sich. Andy trat aus dem Wagen, die Hände tief in die Taschen seiner Trainingshose gesteckt. Er sah sich um.

Nun ärgerte sich Maik, dass er doch schon früher hierhergekommen war. Da hätte er nicht allein hier rumstehen müssen. Er hätte Andy im Bus getroffen und sie wären so lässig angekommen wie die anderen beiden. Als Andy nun auf die Schule zusteuerte, beschloss Maik, sein Versteck aufzugeben, um etwa zeitgleich mit Andy bei den anderen aufzulaufen. Er ging um die Ecke, den Blick fest auf die Gruppe gerichtet.

Aus einer Nebenstraße trat ein weiterer Jugendlicher hervor. Es kam selten vor, dass Maik jemanden vom ersten Augenblick an nicht mochte, aber dieser geschniegelte Typ war wirklich nicht Maiks Fall: die schwarzen Haare dick nach hinten gegelt. Markenklamotten, die sicherlich ein Vermögen gekostet hatten, und darüber eine goldene Kette, die im Licht der Straßenlampe funkelte. Schon von hier aus, noch einige Meter vom Treffpunkt entfernt, konnte Maik die dicke Uhr am Handgelenk des Jungen erkennen. Der Kerl sah aus, als sei er einem Modeheftchen entsprungen. Und genauso begrüßte er auch die Gruppe: »Hey, Mann.«

Schon die Stimme machte Maik aggressiv. Ihm war klar, dass er mit diesem Schaufensterpüppchen sicherlich oft aneinandergeraten würde. Wie kotzten ihn solche Typen an. Genau: Wäre vielleicht eine gelungene Eröffnung, wenn sich Maik jetzt vor den Typen stellen und ihm auf die hübschen Schuhe reihern würde.

Andy hatte Maik entdeckt, denn er grüßte ihn von der anderen Seite über die ganze Gruppe hinweg: »Hallo Maik!«

»Hey!« Maik hob grüßend die Hand. Die anderen blickten ihn an. Ihn und Andy. Maik fand es gut, dass sie ihn auf diese Weise kennenlernten. Dass sie mitbekamen, dass es Leute gab, die ihn grüßten. Das machte ihn erst einmal nicht zu einem Außenseiter.

Sogar dieser Tobias nickte Maik zu. Er hatte ihn wohl ebenfalls wiedererkannt.

Andy und Maik trafen zeitgleich bei der Gruppe ein und wiederholten den Gruß mit den locker gegeneinanderschlagenden Fäusten, wie neulich vor dem AGT-Interview.

»Alles frisch?«, fragte Andy.

»Frag mich nach der Show noch einmal«, antwortete Maik ehrlich und hätte sich am liebsten auf die Zunge gebissen. Wie konnte er denn vor den anderen zugeben, dass er Muffe vor dem AGT hatte? Shit! Er musste besser aufpassen.

»Dann müsst ihr auch da rein?«, erkundigte sich Tobias'

Begleiter. Er wies in die Richtung der Schule, wo im ersten Stock mehrere Fenster beleuchtet waren.

Maik nickte. Der andere schaute sich in der Runde um: »Dann sind wir also sechs Leute.«

In diesem Moment bog ein weiterer Jugendlicher um die Ecke.

»Sieben«, korrigierte Andy. »Wir sind dann wohl sieben.«

Der Kerl in den Markenklamotten schaute den Neuankömmling überrascht an. »Du bist doch Artur?! Hab von dir gehört!«

»Hm.« Das war die einzige Antwort, die er bekam.

Maik war nicht sicher, aber er glaubte, den Ausdruck in Arturs Gesicht richtig deuten zu können. Der Kerl stand unter Drogen. Das Gesicht war geschwollen und die Konturen schlaff, die Augenlider waren halb geschlossen. Fast hatte Maik den Eindruck, Artur stützen zu müssen, damit dieser nicht in sich zusammensackte.

»Wir sollten rein«, meinte Andy mit einem Blick auf sein Handy. »Noch drei Minuten.«

Einige atmeten hörbar ein. »Na, dann mal los!«

Die Zigaretten wurden ausgedrückt, dann traten sie zu siebt auf die Schule zu. Das Modepüppchen ging voraus. Anscheinend kannte er sich hier aus.

»Das ist meine alte Schule. Hier hab ich einige Jahre gelitten«, gab dieser zur Erklärung, gerade so, als ob er gespürt hatte, dass sich einige wunderten, wie selbstverständlich er die Führung übernahm.

Maik ging durch den Kopf, dass er seine Sozialdienststundenliste in der Tasche hatte und nun beim ersten Termin schon einen guten Eindruck bei den Trainern machen konnte. Im gleichen Moment kam ihm aber auch der Gedanke, was wohl die anderen von ihm denken würden, wenn er alles ordentlich erledigt hatte, was ihm durch das Urteil auferlegt worden war. Keinesfalls wollte er als der Streber der Gruppe dastehen.

Doch dann kam ihm der rettende Gedanke: Er würde den Zettel einfach in der Pause abgeben, wenn er mit Katzner und Maus allein im Raum war. Dann würde es ja keiner der andern mitbekommen.

Vor einem der vielen Klassenräume blieb Modepüppchen stehen und klopfte an die Tür.

Ein freundliches »Ja, herein« erklang und nacheinander traten sie in den Raum.

Es war ein großer, lichtdurchfluteter Raum. Die Schultische waren an die Wände gerückt worden. In der Mitte waren zehn Stühle in einen Kreis gestellt. Sie wirkten irgendwie einladend. Ebenso wie die Gesichter der beiden AGT-Trainer. Katzner und Maus standen vor der Schultafel und vermittelten den Eindruck, als ob sie sich regelrecht freuten, den kleinen Trupp hierzusehen.

Modepüppchen ging auf sie zu und schüttelte beiden die Hand. »Guten Abend.«

Die beiden AGT-Trainer erwiderten den Gruß, und als hätte jemand das Kommando dafür gegeben, gingen nun nacheinander alle auf die beiden zu und wiederholten den Gruß. Anschließend nahmen sie ihre Plätze ein.

Maik wartete, bis Andy saß, und eilte auf den Stuhl neben ihm. Er grinste. So ein Verhalten hatte er wahrscheinlich seit dem zweiten Schuljahr nicht mehr gezeigt: *»Frau Lehrerin, darf ich neben meinem besten Freund sitzen?«*

Auch die beiden Trainer suchten sich einen Platz. Auf einem der Stühle Maik gegenüber saß der wortkarge Jugendliche, den Maik im Verdacht hatte, unter Drogen zu stehen. Tatsächlich verhärtete sich seine Vermutung. Der

Junge saß völlig teilnahmslos da, vornübergebeugt, die Ellbogen auf die Oberschenkel gestützt. Seinen Gesichtsausdruck hätte Maik nur mit dem Begriff »leer« beschreiben können. Der Kerl machte den Eindruck, als ob er all seine Energie und Konzentration darauf verwenden musste, nicht einzuschlafen. Entweder war er völlig fertig und erschöpft oder eben vollgedröhnt.

Ein Stuhl war frei geblieben.

Katzner blickte zu diesem Platz, dann auf seine Armbanduhr. »Na, wir haben noch Zeit.«

Maik saß so, dass er die Eingangstür direkt im Blick hatte. Über der Tür hing eine Wanduhr mit einem weißen Ziffernblatt im roten Gehäuse. Diese Uhr zeigte eine Minute vor fünf.

»Fangen wir erst an, wenn alle da sind?«, fragte der Skater. Es schien, als hoffe er auf einen Aufschub.

»Nein«, gab Maus zur Antwort. »Wir beginnen pünktlich um fünf. Wie es im Einladungsschreiben stand.«

Maik beobachtete den großen Zeiger der Uhr, der jetzt nur noch einen Hauch von der Zwölf entfernt war, als es an die Tür klopfte.

»Na, bestens«, freute sich Katzner und rief: »Herein, bitte.«

Die Tür öffnete sich und Maik riss erstaunt die Augenbrauen hoch. Einen Menschen in so einem verwahrlosten Zustand hatte er noch nie zu Gesicht bekommen.

»Scheiße«, zischte Andy kaum hörbar und rutschte auf seinem Stuhl neben Maik nervös hin und her. »Auch das noch. Marcel! Achtung, Maik: Psycho-Alarm.«

»Wieso?«, flüsterte Maik zurück, ohne den Blick von der Gestalt abzuwenden. »Wer ist denn das?«

»Später!«, gab Andy zur Antwort. Auch er starrte wie gebannt auf den Neuankömmling.

Alles an ihm schien zu hängen: die Schultern, die Arme, der Kopf, die fettigen Haarsträhnen in seinem Gesicht. Maik musste an Quasimodo denken, den er mal in einem Schwarz-Weiß-Film im Fernsehen gesehen hatte. Bloß, dass dieser Marcel völlig abgemagert zu sein schien. Er schlurfte in den Raum, gab ein kurzes »Sorry« von sich, entdeckte den freien Platz und setzte sich. Alle Augen verfolgten ihn.

Maik dachte an den Teddy, den er als Baby geschenkt bekommen hatte und der inzwischen völlig zerknautscht und abgeliebt auf dem Regal in seinem Zimmer saß. Der Teddy hatte mehr Körperspannung als Marcel. Er war ihm sogar weitaus unsympathischer als das Modepüppchen. Krasser hätte der Gegensatz nicht sein können. Auf der einen Seite der geschniegelte Model-Typ mit Klamotten, die Maik sich in seinem ganzen Leben nicht würde leisten können. Und ihm gegenüber dieser ungepflegte Kerl in seinen abgetragenen Fetzen, die voller Schmutz und Löcher waren.

Thomas Maus' unbeschwerte Stimme riss sie alle aus den Gedanken: »So, dann sind wir komplett. Alle pünktlich. Wie schön!«

Alle Augenpaare richteten sich auf ihn. Thomas Maus ließ entspannt seinen Blick über die Runde schweifen. »Ihr seid also unsere neue AGT-Gruppe«, sagte er fröhlich und zitierte: »Und jedem Anfang wohnt ein Zauber inne.«

Auch Katzner blickte einen nach dem anderen an und fragte: »Habt ihr denn schon mal gehört, was hier so abgeht? Kennt ihr jemanden, der schon mal hier war?«

Wie auf ein geheimes Zeichen blickten alle betreten zu Boden oder auf ihre Füße. Keiner wollte den Anfang machen.

Auch Maik traute sich nicht, etwas zu sagen. Natürlich hätte er von Alex und Paul erzählen können, doch hier und jetzt, vor so vielen Leuten, die er nicht kannte, war es ihm unmöglich zu sprechen.

Erstaunlicherweise war es das Modepüppchen, das den Anfang machte: »Doch. Ich. Ich kenne ein paar Leute, die schon mal hier waren.«

»Und? Haben sie dir was erzählt?«, fragte Katzner interessiert.

»Na, so dies und das eben. Nichts Konkretes. Nur Andeutungen. Aber es soll hier lässig sein. Nicht zu streng. Das hab ich halt gehört.«

»Danke«, gab Maus zurück. »Sonst noch jemand?«

Maik gab sich einen Ruck. »Ganz ähnlich«, sagte er. »Ich hab einen Kumpel, der war schon mal hier. Aber viel verraten hat er nicht.«

»Aha«, sagte Katzner. Er wartete noch auf eine Wortmeldung, doch als niemand mehr etwas hinzufügen wollte, schlug er vor: »Nennt mir doch einfach mal eure Namen. Und vielleicht auch das Alter.«

»Robert«, begann Modepüppchen, der anscheinend glaubte, er hätte jetzt die Führungsrolle in der Gruppe. Maik fand ihn widerlich. Nur weil er den Weg hierher gekannt hatte, glaubte der wohl, was Besseres zu sein. Oder waren es seine Klamotten oder das Viertelpfund Gel an seinem Kopf?

»Ich bin zwanzig«, stellte Robert sich vor. »Ich find's echt cool, hier zu sein.«

Er erntete schräge Blicke von allen Seiten. Diesen Spruch nahm ihm sichtlich niemand ab. Doch keiner sagte etwas.

Weil Tobias direkt neben ihm saß, fühlte er sich verpflichtet weiterzumachen: »Tobias. Achtzehn Jahre«, sagte er knapp, bevor er seinem Sitznachbarn in die Seite stieß, um ihn zum Weitermachen zu motivieren. Tobias hatte wohl Angst, es könnten Nachfragen kommen.

»Messut«, stellte der sich vor. Dabei strahlte er über das ganze Gesicht und steckte alle im Raum damit an. Er schien ein Gute-Laune-Mensch zu sein. Er wirkte locker und unverkrampft. »Ich bin ebenfalls achtzehn Jahre alt.«

Andy beugte sich zu Maik rüber und wisperte ihm ins Ohr: »Da sitzt er und grinst fröhlich. Das da ist einer der härtesten Schläger der Stadt.«

»Echt?«, zischte Maik zurück und betrachtete Messut genauer. Das hätte Maik nicht erwartet. Ganz im Gegenteil. Dieser Messut machte einen absolut friedlichen Eindruck. Vielleicht täuschte sich Andy auch, überlegte Maik. Und überhaupt: Woher wusste er das alles? Woher kannte er die anderen?

»Möchte einer von euch weitermachen?«, erkundigte sich Katzner, an Maik und Andy gewandt. Er hatte sie sicher flüstern hören.

Maik kam der Bitte nach: »Mein Name ist Maik. Ich bin siebzehn.«

»Und ich heiße Andy. Ich bin neunzehn Jahre alt.«

Neben Andy saß der Skater: »Martin, siebzehn Jahre.« Nervös spielte er an der Kapuze seiner Jacke. Langsam zog er sie tiefer ins Gesicht.

Nun waren noch zwei übrig: derjenige, der auf Maik wie »auf Droge« wirkte, und dieser Marcel. Beide schauten noch immer auf ihre Füße. Beide schwiegen. Offensichtlich hingen sie ihren Gedanken nach.

Katzner und Maus sahen zwischen den beiden hin und her, als liefe vor ihren Augen gerade ein Tennismatch ab. Doch sie sagten beide nichts. Es war Tobias, der diese Ruhe nicht mehr aushielt. »Hey, Marcel. Sag was.«

Also auch er kennt diesen Typ, dachte Maik noch, als Marcel schwerfällig den Kopf hob und im Flüsterton Auskunft gab: »Bin neunzehn. Meinen Namen kennt ihr anscheinend.«

Maik schüttelte sich. Der schien wirklich seine ganz eigenen Probleme zu haben.

Nun waren alle Augen auf den letzten Teilnehmer gerichtet. Und endlich schien er es zu bemerken. »Ja. Hallo«, sagte er, ohne den Kopf zu heben. Er schielte von unten nach oben in die Runde. »Ich bin Artur. Und auch froh, hier zu sein.«

Die anderen grinsten verschämt oder kicherten leise. Das war wohl das Einzige, was Artur von allem bisher mitbekommen hatte: Roberts lächerliche Vorstellung.

»Und dein Alter?«, hakte Katzner nach.

»Achtzehn bin ich. Achtzehn.«

»Danke an alle«, schloss Maus den ersten Durchgang ab. »Bevor wir anfangen können, möchte ich natürlich wissen, ob es Fragen von euch gibt, welcher Art auch immer.«

Roberts Hand sauste in die Luft. »Ja, ich habe tatsächlich eine Frage. Die wichtigste Frage überhaupt.«

»Da bin ich ja mal gespannt«, entgegnete Maus. Und er war nicht der Einzige. Beinahe alle Augen waren neugierig auf Robert gerichtet.

Der drückte den Rücken durch, machte ein wichtiges Gesicht und fragte: »Wie halten wir das mit dem Rauchen?« Er grinste breit und sah sich um. Er dachte wohl, mit dieser Bemerkung einen Gag landen zu können. Doch stattdessen blickten alle schnell woandershin.

Maik interessierte vor allem, wie Thomas Maus wohl reagieren würde. Würde Robert gleich den ersten Anpfiff kassieren?

Doch zu Maiks Überraschung nahm der Trainer die Frage

ganz selbstverständlich auf: »Ja, dann lasst uns mal darüber reden: Zigarettenpause. Sind denn Raucher hier?«

Alle außer Artur hoben die Hand. Als diesem jedoch auffiel, dass sich irgendwas tat, blickte er auf, sah, dass alle eine Hand in die Luft streckten, und machte es schnell nach.

Thomas Maus grinste. »Aha. Dann hat sich die Frage nach dem Bedarf geklärt. Wie also sollen wir es handhaben? Wie seht ihr das?«

Robert brachte es schnell auf den Punkt: »Wenn einer rauchen möchte, geht er einfach hinaus. Leise. Ohne die anderen zu stören.«

»Was?«, meinte Tobias. »Einfach raus? Das gibt ein einziges Gerenne. Wie soll man denn ein Gespräch führen ...«, er blickte zu den AGT-Leitern, »... oder was immer hier passieren soll, wenn dauernd einer draußen ist.«

Martin hob die Hand. »Wir sind vier Stunden hier. Können wir da nicht eine Pause in der Mitte machen?«

Einige nickten.

»Wenn ihr das so möchtet.« Maus war einverstanden. »Wie lange braucht ihr denn?«

»Viertelstunde«, schlug Messut vor.

»So lange?«, hakte Robert nach und schielte zu Katzner und Maus. Er versuchte ganz offensichtlich immer noch, Punkte zu machen.

Messut kicherte: »Zehn Minuten brauche ich für eine Zigarette. Und dann kann es ja sein, dass ich in so einer Pause noch was erledigen muss.«

»Dann fasse ich den Vorschlag zusammen«, sagte Katzner. »Ihr möchtet jedes Mal nach zwei Stunden eine Raucherpause von fünfzehn Minuten. Richtig? Sind alle damit einverstanden?«

Die Teilnehmer nickten einstimmig.

Katzner hob die Hand: »Wie sieht es mit dem Rauchen aus? Gibt es da etwas, woran ihr denken müsst?«

Messut schaute fragend in die Runde: »Feuerzeug? Aschenbecher?«

Katzner lachte: »Nein, das meinte ich nicht. Euch ist klar, dass Rauchen erst ab achtzehn erlaubt ist, oder?«

Maik riss die Augen auf. »Was? Aber das nimmt doch keiner richtig ernst.«

»Dennoch: Das ist eine echte Ordnungswidrigkeit gegen das Jugendschutzgesetz«, beharrte Katzner. »Deshalb raucht während der AGT-Zeit bitte niemand, der jünger ist als achtzehn Jahre.«

Maik schluckte. »Aha. Na gut«, sagte er kleinlaut.

Maus blickte einen nach dem anderen an. »Sonst noch etwas zu besprechen? Hat jemand ein Anliegen? Messut? Robert?«

Robert hob beschwichtigend beide Hände: »Geht klar. Klingt doch alles gut bisher. Alles geschmeidig.«

»Alles was?« Martin schüttelte angewidert den Kopf. »Geschmeidig?«, rief er. »Was ist das denn für ein Wort? Bist du schwul oder was?«

Maik hielt die Luft an.

Robert riss die Augen auf und lief augenblicklich rot an. »Ob ich ...? Geht's noch, wie redest du denn mit mir? Natürlich bin ich nicht schwul. Ich hab eine Freundin und ... Geschmeidig, das sagt man so. Machen alle bei uns. Du bist wohl nicht ganz auf dem neuesten Stand, was?«

Martin ballte die Fäuste. »Ich zeig dir gleich den neuesten ...« In dieser Sekunde wurde ihm bewusst, wo er sich gerade befand. Und obwohl es ihm sichtlich schwerfiel, lockerten sich seine Muskeln wieder und er öffnete die Faust.

»Entschuldigung«, murmelte er in Richtung der beiden AGT-Trainer.

Es herrschte eine Ruhe im Raum, die alles zu erdrücken schien. Die Blicke der Teilnehmer sprangen hin und her.

Es war Katzner, der schließlich die Stille unterbrach: »Robert. Was war gerade los?«

Robert zeigte auf Martin. »Der kann doch so nicht mit mir reden. Ich bin doch nicht schwul! Ehrlich, wenn wir jetzt woanders wären, dann ...«

»Was geht gerade in dir vor?«, unterbrach Katzner den erneuten Wutausbruch.

»Sauer bin ich! Stinksauer!«

»Weil?«

»Weil er nicht so mit mir reden kann ... der soll nicht so reden, das darf er einfach nicht!«

Katzner wandte sich an Martin: »Was war denn bei dir los?«

»Ganz ehrlich?«

»Bitte.«

Martin zeigte mit dem Finger auf Robert. »Der geht mir auf den Sack mit seinem Getue. Schon die ganze Zeit.«

Wie gebannt verfolgte Maik das Geschehen. Immer wieder überlegte er, wie die Trainer jetzt wohl reagieren würden. Wenn es nach ihm gegangen wäre, hätten Robert und Martin rausgehen und das Ganze unter sich austragen können. Auf die übliche Art. Das hätte zwar ein paar Wunden und Schrammen bedeutet, aber hier drin hätte man wieder arbeiten können. Niemand mochte Robert. Das war offensichtlich. Aber ihn deshalb so anzumachen? Das war Sandkasten-Niveau. Und Maik war sicher, dass es jetzt eine Abfuhr für die beiden geben würde.

Katzner erhob sich von seinem Platz. »Erinnert sich einer

von euch an das AGT-Interview vor zwei Wochen? Da hatten wir von der Wichtigkeit eines bestimmten Begriffes gesprochen.«

Maik erinnerte sich ganz genau. Er hob die Hand, doch Andy kam ihm zuvor und rief es einfach in den Raum: »Wertschätzung.«

»Genau: Wertschätzung«, wiederholte Katzner. »Danke, Andy. Überlegt mal bitte, was gerade passiert ist. Können wir da von Wertschätzung sprechen?«

Wieder hob Maik die Hand, doch dieses Mal war Tobias schneller. »Nein«, sagte er. »Das war nicht wertschätzend.«

Das wäre Maiks Antwort auch gewesen. Er beschloss, ab jetzt nicht mehr die Hand zu heben.

»Warum?«, hakte Katzner nach.

»Weil es unfreundlich war«, antwortete Maik rasch. »So sollte Martin nicht mit Robert reden.«

»Was hätte er denn sagen können?«

Sie grübelten. Schließlich fragte Messut: »Hätte er fragen sollen, was das für ein Wort ist, dieses ›geschmeidig‹?«

Katzner blickte zu ihm. »Möglich. Und dann?«

»Robert hätte es erklären und Martin hätte sagen können, dass er das Wort merkwürdig findet.«

»Was sagen die anderen dazu?«

Die meisten nickten. Bloß Artur schaute weiterhin zu Boden. Auch Marcel beteiligte sich nicht. Die beiden interessierten sich offensichtlich nicht für das, was hier geschah.

Katzner sprach Martin direkt an: »Kannst du dir vorstellen, dass du so mit Robert sprichst?«

Martin zog die Schultern in die Höhe. »Weiß nicht. Ja. Viellcicht.«

»Mach es doch mal.«

»Was?«

Katzner trat an Martin heran. »Stell dir vor, Robert hat gerade das Wort ›geschmeidig‹ gesagt. Und dich stört der Begriff.« Er zeigte auf Robert. »Sprich mit ihm.«

Martin verzog das Gesicht. Dennoch kam er der Bitte nach: »He, Robert, was ist denn das für ein besch... Was ist denn das für ein Wort?«

Robert machte mit: »Das sagt man so bei uns. Wenn etwas gut läuft, dann läuft es geschmeidig.«

»Hab ich noch nie gehört«, antwortete Martin. Und mit einem Blick auf Katzner fügte er vorsichtig hinzu: »Und ich mag es nicht.«

Katzner fragte in die Runde: »Und jetzt?«

»Das war höflich«, sagte Messut.

»Mit Wertschätzung«, sagte Tobias.

»Das war okay«, meinte Maik.

Katzner nickte. »Vor allem hat sich niemand angegriffen gefühlt. Die beiden sind wertschätzend miteinander umgegangen. Beide konnten ihre Meinung sagen. Niemand wurde angegriffen.«

Nun erhob sich auch Thomas Maus von seinem Stuhl. »Ihr merkt gerade, wie wichtig es ist, dass man sich an gewisse Regeln hält«, sagte er. »Wann immer mehrere Leute aufeinandertreffen, so wie wir, ist es wichtig, ein paar Regeln zu haben. Gebt ihr mir da recht?«

Alle nickten.

»Aber zu viele Regeln, das nervt, oder?«, hakte Maus nach. Und auch da bekam er Zustimmung, deshalb schlug er vor: »Wir könnten unseren eigenen Regel-Katalog aufstellen. Wir legen fest, woran wir uns halten wollen. Aber nur so viele Regeln, wie nötig sind. Einverstanden?«

Er ging zur Tafel und klappte die beiden Seitenteile auseinander. Auf die mittlere Fläche war bereits ein riesiger Bogen Papier gespannt. Maus nahm einen dicken Filzstift zur Hand und schrieb als Überschrift auf das Papier: Vertrag.

»Wenn wir Regeln festlegen, dann ist das ein Vertrag unter uns. Also: Welche Regeln kommen in den Vertrag?«

»Wertschätzung!«, rief Robert in den Raum.

Maus notierte als ersten Punkt: wertschätzender Umgang. »Noch ein Vorschlag?«

»Ehrlichkeit«, schoss es aus Andy heraus. »Wir sollten ehrlich miteinander umgehen.«

Auch diesen Punkt notierte Maus, als Maik in den Raum warf: »Klappe halten!«

Als Maus ihn fragend ansah, erkannte Maik, dass sein Vorschlag zweideutig war. Deshalb erklärte er schnell: »Ich meine nicht, dass jemand die Klappe halten soll. Nein, das, was hier gesagt wird, sollte draußen nicht weitererzählt werden.«

»Ah, guter Vorschlag«, antwortete Katzner. Maus notierte »Verschwiegenheit« auf das Papier an der Tafel, während Katzner erläuterte: »Ihr erinnert euch bestimmt auch in diesem Punkt an das AGT-Interview. Ihr könnt hier ehrlich sein. Miteinander. Mit uns. Was immer ihr loswerden wollt, es bleibt unter uns. Wir Trainer haben eine Schweigepflicht gegenüber Dritten. Bis auf die wenigen Ausnahmen, die wir euch geschildert hatten, werden wir niemandem etwas erzählen von dem, was ihr uns sagt.«

Alle nickten. Maus wies zur Tafel. »Fehlt noch was?«

»Pünktlichkeit«, schlug Martin vor.

»Warum?«, entgegnete Maus. »Nur weil es zur Höflichkeit gehört?«

»Nein. Wenn wir hier miteinander reden, dann sollten

auch alle alles mitbekommen. Das ist wichtig. Wenn jemand zu spät kommt, dann kann man jedes Mal von vorn anfangen.«

Maus nickte und schrieb »Pünktlichkeit« unter »Verschwiegenheit«.

»War es das?« Maus legte den Filzstift schon zur Seite.

Maik spürte, wie Andy neben ihm rumzappelte. Er schien zu zögern. Anscheinend hatte er etwas auf der Seele, das er loswerden wollte, und wusste nicht, ob er das hier sagen konnte. Maik überlegte noch, ob er ihn ansprechen sollte, als es aus Andy herausplatzte: »Ich hab da vielleicht noch was.«

Maus nahm den Stift wieder auf. »Ja?«

»Ist vielleicht unangebracht. Und vielleicht nur mein Problem.«

Katzner kam auf Andy zu. »Schau zur Tafel«, sagte er. »Wir wollen ehrlich und offen miteinander umgehen. Wenn dich was nervt, sag es.«

»Nicht *Etwas* nervt mich, sondern die beiden da!«, antwortete Andy und zeigte auf Marcel und Artur. »Wenn wir hier was erreichen wollen, dann müssen alle mitmachen. Nur blöd dabeisitzen ...« Er erinnerte sich wohl an Martins Angriff gegen Robert und korrigierte schnell: »Nur still dabeizusitzen, das bringt keinem was. Es stört.«

Marcel blickte auf. »Was willst du denn? Ich tu doch nichts!«

»Genau. Du tust nichts. Dich interessiert das hier wohl gar nicht.«

»Doch. Klar.«

Auch Artur hob den Kopf. »Ich habe alles mitbekommen.«

Andy schaute in die Runde. »Wie sehen die anderen das denn?«

Messut gab ihm recht: »Ihr solltet euch beteiligen.«

Auch Robert stimmte zu: »Wir sollten das zu den Regeln nehmen.«

Maus ging zur Tafel. »Wenn Marcel und Artur keine Einwände haben«, sagte er, wartete noch eine mögliche Reaktion ab und schrieb »Mitmachen« als Regelpunkt auf das Papier.

»Gibt es noch was?«, wiederholte Maus erneut seine Aufforderung.

»Eine Sache hätte ich auch noch«, ergänzte Robert. Er merkte gar nicht, wie einige genervt die Augen rollten, und machte eine Kopfbewegung in Richtung Martin. »Kann er nicht seine Kapuze abnehmen? Ich hatte früher in der Schule oft Kappen auf und einen Höllenärger bekommen. Irgendwann hab ich verstanden, dass es unhöflich ist, mit Mütze oder Kapuze dazusitzen.« Er schaute auf Martin. »Sorry, du.«

Martin zog seine Kapuze runter. »Kein Problem«, erklärte er freundlich. »Wenn es dich stört, nehme ich sie ab.«

Tobias hob die Hand. »Brauchen wir dafür eine eigene Regel?«

Katzner gab die Frage in die Runde: »Wie seht ihr das?«

»Ach, aufschreiben muss man das nicht«, meinte Messut. »Wir haben das jetzt geklärt. Und wir halten uns dran. Ende.«

Die anderen nickten. Katzner wartete noch einen Moment, ob es weitere Wortmeldungen oder Vorschläge gab, dann sagte er, an Maus gewandt: »Ich hätte noch was. Schreib bitte Spaß auf die Regelliste.« Die überraschten Blicke einiger Teilnehmer amüsierten ihn wohl. »Ja. Spaß. Ich wünsche mir, dass wir das alles locker angehen. Dass ihr gern hierherkommt. Lasst uns ruhig ein wenig Spaß haben bei allem, was wir tun.«

Die Antwort bestand aus einem allgemeinen Nicken. Maus kam von der Tafel in die Runde und hielt den Stift in die Höhe. »Dann bitte ich jetzt alle, diesen Vertrag zu unterschreiben.«

Nacheinander erhoben sie sich von ihren Plätzen, gingen vor und schrieben ihren Namen unter die Regel-Liste. Auch Marcel und Artur.

Katzner blickte zur Uhr. »Dann haben wir ja schon richtig was geschafft. Unser Vertrag ist jetzt für alle verbindlich. Und zwei Stunden sind auch schon fast um. Wir könnten also unsere erste Pause machen.«

Taschen wurden gegriffen, Zigaretten gesucht, Handys eingeschaltet und Martin zog sich wieder die Kapuze über die schulterlangen blonden Haare.

Nun kam der Moment, in dem Maik seinen Zettel über die abgeleisteten Sozialstunden endlich loswerden konnte. Noch befand er sich in der vorgegebenen Frist.

Das war verwirrend: Irgendwie war es ein geiles Gefühl für ihn, mal was richtig ordentlich und gut gemacht zu haben. Andererseits kannte er sich kaum wieder, weil ihm das so wichtig war.

Egal: Alle anderen waren schon auf dem Weg nach draußen und Maik reichte Katzner die Bescheinigung. Katzner bedankte sich und wollte ihn noch etwas fragen, doch Maik steuerte schon auf den Ausgang zu. Draußen, vor der Schule, an dem Platz, wo sie sich vorher getroffen hatten. Marcel und Artur stellten sich ein wenig abseits. Schweigend. Sie gaben ein merkwürdiges Bild ab.

Robert eröffnete das Gespräch mit »Hey, ist wirklich lässig hier. Hab ich mir anders vorgestellt.«

»So?«, hakte Martin nach, allerdings machte er nicht den Eindruck, dass ihn Roberts Meinung interessierte.

»Na, ich dachte, wir werden hier zugelabert«, antwortete Robert. »Ihr wisst schon, dieses übliche Ogen-Geschwätz.«

Nun sah Martin doch auf. »Ogen-Geschwätz?«

»Kennt ihr nicht? Ist doch immer dasselbe, was von denen kommt: Pädagogen, Psychologen. Ogen eben.«

Maik blickte von Robert zu Martin und dann wieder zurück auf Robert. Wenn Maik auf etwas keine Lust hatte, dann auf Roberts Gequatsche. Also zog er Andy zur Seite. »Komm mal mit!«

Andy folgte ihm willig. Einige wenige Meter von den anderen entfernt, konnte Maik endlich die Frage stellen, die ihm nun seit zwei Stunden auf der Seele brannte: »Was ist denn das für einer, dieser Marcel. Warum Psycho?«

Andy stellte sich so herum, dass er direkten Blick auf Marcel und Artur hatte. Er antwortete leise. Was er Maik anvertraute, war definitiv nicht für die Öffentlichkeit bestimmt: »Der Typ ist völlig durchgeknallt. Abgespaced. Es gibt Geschichten über ihn, da gruselt es dich.«

»Was denn so?«

»Er hat seinem Schulleiter die Nase gebrochen.«

»Was? Echt?«

»Und das nur, weil der einen Blick in Marcels Tasche werfen wollte. Wegen Kontrolle von Drogen oder Waffen oder so. Marcel hat ihn erst suchen lassen, hat geduldig gewartet, bis der Pauker alles durchgesehen und nichts gefunden hatte, und dann plötzlich ist er wie ein Irrer auf den Direx los und hat ihm die Faust ins Gesicht gerammt.«

»Nachdem der nichts gefunden hatte?«

Andy winkte ab. »Ist hochkant von der Schule geflogen. Aber das ist nicht Marcels verrückteste Nummer. Eine Zeit lang hatte er Spaß daran, Mädchen aufzulauern.«

»Was meinst du mit Auflauern?«

Andy kratzte sich an der Stirn. »Tja, wie soll ich das erklären? Es versteht ja niemand, was Marcel da machte. Er ... tja. Manchmal stellte er sich einen ganzen Tag und eine ganze Nacht vor das Schlafzimmerfenster von Mädels aus seiner neuen Schule.«

»Ja, und dann?«

»Eben: nichts und dann. Er stierte zu den Fenstern hoch und bewegte sich kein Stück. Die Mädels hatten natürlich Angst. Guck dir den abgewrackten Kerl doch mal an. Die hatten Angst um ihr Leben oder um alles andere.«

»Und Marcel stand echt nur da?«

»Psycho, oder? Wenn die Eltern der Mädels ihn verjagen wollten, grinste er nur ganz gruselig. Die Polizei konnte nichts dagegen unternehmen. Und sie beeindruckte Marcel auch nicht. Der stand da, blickte zu den Fenstern und jagte den Mädels eine Höllenangst ein.«

»Und weiter?«

»Dann hörte er auf damit. Von einem Tag auf den anderen.«

Maik zog an seiner Zigarette. »Beknackt!«

»Oh, das geht noch weiter«, entgegnete Andy. »Vor einem halben Jahr etwa hat Marcel die angeleinten Hunde von Spaziergängern mit Dartpfeilen beworfen.«

Maik riss die Augen auf. »Davon hab ich gehört. Das war der?«

»Hatte sich im Stadtpark hinter Gebüschen versteckt und dann auf die ahnungslosen Tiere gezielt.«

»Schweinekerl!«

Wieder nickte Andy. »Wenn du von den Dartpfeilen gehört hast, dann bestimmt auch von dem Schulbus.«

Maik kramte in seinem Gedächtnis. »Da klingelt erst einmal nichts.«

»Kaum, dass er in der neuen Schule war, hat er eines Morgens dort an der Haltestelle gewartet, und als ein Bus um die Ecke kam, hat er sich breitbeinig auf die Straße gestellt und mit einer Waffe auf den Fahrer gezielt.«

»Klar!«, entfuhr es Maik. »Natürlich hab ich davon gehört. Er hat sogar geschossen, aber es war eine Paintball-Waffe. Mit Farbe gefüllt. Die ganze Scheibe war mit roter Farbe versaut. Das war auch Marcel?«

»Der Busfahrer kam mit einem Schock ins Krankenhaus. Hat der natürlich nicht sofort erkannt, dass es keine echte Waffe ist.«

»Ist klar. Lass mich raten: Marcel flog von der Schule?«

Andy grinste. »So, wie ich das verstanden habe, hätten sie ihn am liebsten aus dem Universum geworfen. Knast hat er gekriegt.«

»Scheint ja echt durchgedreht zu sein, der Typ.«

»Sag ich doch: ein Psycho eben. Ich find's nicht richtig, dass die so einen zu uns stecken. Der ist anders als wir alle.«

Maik stutzte. Anders als wir?, ging es ihm durch den Kopf. Wer sind wir denn?, grübelte er. Doch bevor er Andy nach seiner Meinung fragen konnte, rief Messut: »Zeit ist um!« Also traten sie den Weg zurück in den Klassenraum zu Katzner und Maus an, doch Maik beschäftigte diese eine Frage: Was bedeutete dieses »Wir«?

# 9

**W**as soll das heißen, wer ist ›Wir‹?« Alex lachte amüsiert auf und stieß Maik freundschaftlich in die Rippen. »Na, wir sind ›Wir‹. Was soll die Frage?«

Maik druckste herum. »Weiß auch nicht, wie genau ich das meine. Aber die Frage geht mir nicht mehr aus dem Kopf. Wer ist eigentlich ›Wir‹, wenn wir davon sprechen, dass ›Wir‹ zum Beispiel angegriffen werden. Oder dass ›Wir‹ es den anderen zeigen müssen.«

Alex lachte noch lauter auf. »Hörst du dir eigentlich selbst mal zu, Alter? Hat Julia keine Zeit mehr für dich, dass du auf solch idiotische Dinge kommst?«

Julia! Vielleicht hätte Maik lieber mit ihr darüber reden sollen. Jetzt war es zu spät. Wenn er vor Alex nicht wie ein Volltrottel dastehen wollte, musste er das erklären:

»›Wir‹ – das bedeutet: eine Gruppe. Vielleicht Freunde. Aber wer ist ein Freund? Hier denkt doch jeder nur an sich selbst.«

Nun verzog sich das Grinsen aus Alex' Gesicht. »Jetzt hör aber auf!«

Maik hob beschwichtigend die Hand. »Nein, außer uns. Aber guck dich doch mal um: Sind das dahinten auf der Treppe echte Freunde? Sieh dir Paul an. An seiner Seite hab ich schon einige Leute plattgemacht. Aber genau genommen ist er doch nur ein Schwätzer.

»Hör auf«, machte Alex, doch dieses Mal klang es nicht anklagend, sondern eher besorgt. »Alles okay?«

Genau das versuche ich ja herauszufinden, dachte Maik und wandte sich ab. Er verabschiedete sich und ging davon, tief in Gedanken versunken.

Alex! Ein Freund? Maus' hässliche Tätowierung kam ihm in den Sinn. Nein, ein echter Freund war Alex für Maik sicher nicht. Zumindest nicht so einer, wie Maus das beschrieben hatte. Niemals würde Maik ein hässliches Tattoo von Alex auf dem Arm behalten.

Also gab es für ihn kein Wir?

Julia. Sie stand ihm gerade am nächsten. Sie und er – war das ein »Wir«? Doch diesen Gedanken streifte er erst einmal ab. Er und Julia waren bestimmt kein »Wir«. Sie waren höchstens ein »Vielleicht« oder bestenfalls ein »Hoffentlich«.

Plötzlich musste Maik schmunzeln. Denn es gab einen Menschen, der dieses »Wir« ständig im Zusammenhang mit ihm aussprach. Sie sagte es andauernd und immer wieder: »Schön, wenn ›Wir‹ morgens hier zusammensitzen«, zum Beispiel oder: »›Wir‹ können heute Abend zusammen essen, wenn du magst.« Oder auch: »›Wir‹ bekommen noch den größten Ärger, wenn du so weitermachst.« Maik fiel jede Menge ihrer Sätze ein, die ein »Wir« beinhalteten. Aber jetzt musste er sogar leise in sich hineinlachen. Diese Person war seine Mutter. Sie sprach immer wieder von »Wir«. Er und seine Mutter? War er etwa ein Muttersöhnchen?

Er musste aus diesem Karussell wieder herausfinden. Vielleicht war Maik ein Einzelkämpfer. Vielleicht gab es nur ein »Ich« und er sollte dieses »Wir« einfach vergessen.

Maik war ein einsamer Wolf. Unverstanden. Allein.

Ja, dieser Gedanke gefiel ihm!

Der Letzte, außer Maiks Mutter, der ihm etwas von einem »›Wir‹-Gefühl« erzählen wollte, hatte kurz darauf winselnd und mit blutverschmiertem Gesicht und gebrochenen Rippen vor ihm auf der Erde gelegen. Aber Bjarne hatte es nicht anders gewollt an jenem Abend. Er hatte mit seinem »›Wir‹-Gequatsche« regelrecht um diese Prügel gebeten.

»Das wird spannend heute.« Andy ließ sich mit Schwung neben Maik nieder. Er war eine Station nach Maik in den Bus eingestiegen. Anscheinend wohnten sie gar nicht so weit voneinander entfernt. Kaum, dass Maik ihn erblickt hatte, war er zur Seite gerückt und hatte Andy zu sich gewunken.

»Natürlich ist alles noch spannend«, antwortete Maik. Mal sehn, was heute passiert. Wir sind ja erst zum zweiten Mal alle zusammen.« Andy machte ein Gesicht, das Maik gar nicht gefiel. »Falsch verstanden«, korrigierte er ihn prompt. »So eine Art Spannung meine ich nicht. Ich wollte sagen: Heute geht's zur Sache!«

Allmählich dämmerte Maik, was Andy meinte. »Weißt du was, was ich nicht weiß?«

Andy nickte. Etwas ging in ihm vor, aber er rückte nicht mit der Sprache raus.

»Was denn?«, drängelte Maik.

Andy machte eine übertriebene Geste. »Später! Im AGT. Wenn wir alle zusammen sind.«

Da war es wieder gewesen, dieses »Wir«. Doch Maik beschloss, es zu ignorieren: »Ich versteh kein Wort. Nun sag doch endlich mal, was genau du ...«

Andy tat sehr geheimnisvoll: »Ich verrate nur so viel: Marcel!« Er sagte das in einem Ton, dass es Maik kalt über den Rücken lief.

»Hat er was verbockt?«

»Abwarten«, gab Andy nur knapp zurück, dann hatten sie die Haltestelle auch schon erreicht und stiegen aus.

Von hier konnte man das Eingangstor der Schillerschule bereits erblicken. Einige der anderen waren bereits da. Maik konnte Tobias, Messut und Robert, das Modepüppchen, erkennen. Auch an diesem Abend war er wieder herausgeputzt, als ginge er zu seiner eigenen Hochzeit. Maik grüßte kurz in die Runde, dann hörten sie ein Surren hinter sich. Auf der anderen Straßenseite kam Martin auf seinem Skateboard angefahren. Am Bordstein blieb er stehen, sprang ab, klemmte das Board unter den Arm und kam schließlich lässig herübergeschlendert. Die Kapuze seiner Jacke tief ins Gesicht gezogen.

»Na. Was geht?«

Die anderen grüßten zurück.

Maik blickte sich um. Von Marcel und Artur keine Spur. Ebenfalls wie beim letzten Mal. Wer von denen wohl noch über Marcel Bescheid wusste? Andys Andeutungen gingen Maik nicht mehr aus dem Kopf.

Ein echtes Gespräch wollte sich nicht einstellen. Sie standen nebeneinander, hielten sich gegenseitig die Zigarettenschachtel hin oder gaben sich Feuer. Maik fiel es schwer, sich zu beherrschen. Jetzt vor dem AGT ging es noch, doch in der Pause würde er es nicht schaffen, auf Zigaretten zu verzichten.

»Lass dich bloß nicht erwischen«, hatten die anderen ihm letzte Woche schon scherzhaft zugeraunt, als Maik sich eine anzündete. Doch Maik gab sich gelassen. Seine Sucht war größer als die Angst, erwischt zu werden.

Auch heute schaute einer nach dem anderen betont unauffällig zu dem Fenster im ersten Stock, in dem bereits das Licht eingeschaltet war und wo man dann und wann Katzners oder Maus' Silhouette sehen konnte.

Schließlich die erlösenden Worte. Sie kamen von Messut:

»Noch fünf Minuten«, sagte er mit Blick auf das Handy. »Wir sollten mal los.«

Wie in der vergangenen Woche wurden die Zigaretten zu Boden geworfen und ausgedrückt, bevor alle hintereinander in die Schule eintraten – das Modepüppchen voraus. Maik staunte. So schnell konnte sich also Routine einstellen. Sie tappten wie abgesprochen hintereinander die Treppe hinauf. Wenn sich Maik nicht täuschte, dann war es sogar exakt die gleiche Reihenfolge wie in der vergangenen Woche. Irgendwie kam ihm das merkwürdig vor. Er fühlte sich wie ein Schaf in der Herde, das einfach nur dem Leithammel folgte. Bloß, dass in diesem Falle der Leithammel ein aufgebrezelter Vollidiot war.

Dieses Mal war nichts vorbereitet. Sie traten in einen ganz normal aufgeräumten Klassenraum ein: drei lange Reihen mit aneinandergestellten Tischen und jeweils zwei typischen Schulstühlen dazu. Ohne dass ihn jemand dazu aufgefordert hätte, fing Maik an, die Stühle zur Seite zu stellen und die Tische an die Wand zu schieben, sodass sich in der Zimmermitte Platz für den Sitzkreis ergab. Andy packte mit an. Messut ebenfalls. Das Modepüppchen allerdings stellte sich zu Katzner und Maus und erzählte ihnen irgendetwas über das Wetter. Martin suchte einen Platz, wo sein Skateboard nicht störte.

Es war ein Höllenlärm. Die Tischbeine gaben beim Verschieben ein beinahe schreiendes Quietschen von sich. Gerade so, als wehrten sie sich dagegen, von ihrem Platz gerückt zu werden.

Erst als Ruhe eingekehrt war, als alle Tische fest an den Wänden standen und sie den Stuhlkreis im Raum aufgebaut hatten, war eine Begrüßung möglich. Die Jugendlichen gingen auf Katzner und Maus zu und drückten ihnen

nacheinander mit einem »Hallo« oder einem »Guten Abend«
die Hände.

Wie in der vergangenen Woche fiel Maik auf. Schon wieder eine Routinehandlung. Und noch einmal störte es ihn, obwohl er nicht benennen konnte, was genau ihm dabei missfiel.

Natürlich nahmen sie auch dieselbe Sitzpositionen ein wie beim letzten Mal. Wieder saß Maik neben Tobias und Andy, gegenüber der Klassentür mit der Uhr darüber. Zu gern hätte Maik den Platz mit jemandem getauscht. Doch wie? Wenn er jetzt aufstand und sich woandershin setzte, dann würde Andy das vielleicht falsch auffassen ...

Er kratzte sich am Kopf. Warum machte er sich so viele Gedanken um solche Kleinigkeiten? In der allerletzten Minute traten Marcel und Artur ein. Sie grüßten kurz in die Runde, nickten Katzner und Maus zu und ließen sich dann auf ihre Plätze fallen.

Artur verfiel sofort in seine typische Haltung: Ellbogen auf den Oberschenkeln abgestützt, den Kopf hängend. Maik sah Arturs leeren Blick und vermutete, dass Artur auch heute wieder unter Drogen stand. Das war keine Müdigkeit.

Marcel hingegen wirkte etwas lebendiger als in der letzten Woche. Zumindest schaute er sich zwischendurch interessiert in der Runde um.

Maik ärgerte sich über Andy. Hätte der doch mal besser die Klappe gehalten. Jetzt würde er die ganze Zeit nur grübeln, was mit Marcel los war.

Katzner und Maus eröffneten die Runde mit einer kurzen Begrüßung und der Wiederholung der Regeln, die sie alle beim letzten Mal unterschrieben hatten. Die beiden wollten wissen, ob es noch Erweiterungswünsche gab oder Kritik.

Maik hörte gar nicht richtig zu. Sein Blick war starr auf

Marcel gerichtet, der inzwischen doch wieder mehr auf seine Füße schaute als zu den anderen Teilnehmern.

Schließlich fragte Katzner in die Runde, wie es jedem so ergangen sei in der vergangenen Woche.

Messut erzählte von seinem Bruder, mit dem er zusammen auf Jobsuche gewesen war. Er selbst stand hinter der Theke einer größeren Imbissbude und mochte seine neue Chefin nicht.

Andy beschwerte sich über die Berufsförderungsmaßnahme, in der er und Maik steckten. Das alles kotze ihn an, sagte Andy, weil alles so trostlos sei und ohnehin zu nichts führe.

Tobias hingegen hatte keine besonderen Neuigkeiten.

»Alles so weit in Ordnung«, berichtete Maik. »Ich grüble nur ein bisschen mehr in letzter Zeit. Sonst nichts.«

Katzner war interessiert. »Worüber grübelst du denn so?«

»Tja, das wüsste ich langsam auch mal gern«, antwortete Maik ausweichend.

Maus und Katzner grinsten. »Klingt gut«, schmunzelte Maus. »Weiter so.«

Maik wusste nicht recht, wie er diese Antwort verstehen sollte. Nahm ihn Maus gerade auf den Arm?

Robert schwärmte auf seine ihm eigene, aufdringliche Art von den letzten Tagen, in denen er Freunde getroffen hatte, zum Shoppen und Abhängen. Martin wusste auch nichts anderes zu berichten, als dass er viel auf der Skaterbahn war.

Schließlich war die Reihe an Marcel und Artur.

Artur winkte nur ab. »Alles cool. Alles easy«, murmelte er. Maik fragte sich, ob Artur dieses Mal etwa zugedröhnter war als in der vergangenen Woche.

»Wirklich alles cool?«, hakte Maus nach.

Artur nickte. Katzner und Maus warfen sich einen kurzen Blick zu und entschieden in diesem winzigen Moment wohl, es dabei zu belassen.

»Und du, Marcel?«, fragte Katzner stattdessen. »Wie war deine Woche?«

Marcel kratzte sich gelangweilt an der Brust. Er nickte zu Artur rüber und sagte kurz: »Auch so. Alles cool. Bei mir ist nichts Besonderes passiert.«

»Uh!«, schallte es durch den Raum, bevor die beiden AGT-Trainer etwas antworten konnten. Das war Andy gewesen. Er sah Marcel scharf an. »Nichts Besonderes passiert?«, wiederholte er lauernd. Maik war klar, dass sie sich dem näherten, was Andy im Bus angedeutet hatte.

Mit unveränderter Miene schüttelte Marcel den Kopf. »Ne. Alles locker. Nichts Besonderes.«

Andy neben ihm zitterte vor Aufregung.

»Ich kipp um«, sagte Andy. »Das glaub ich ja wohl nicht. Was war denn am Bahnhof?«

Marcel zeigte sich unbeeindruckt. »Weiß nicht. Am Bahnhof? Da fahren wohl Züge rein und raus.«

Andy ballte die Hände zu Fäusten. »Du weißt doch genau, wovon ich spreche. Ich meine am Freitag.«

Marcel hob die Schultern. »Da fuhren wohl auch Züge rein und raus.«

Jetzt schnaufte Andy. »Du verarschst mich doch! Ich war am Bahnhof und hab dich gesehen.«

»Schön für dich.«

»Ich bin dir nachgegangen.«

»Auch schön!« Marcel war nichts anzumerken.

»Ich bin dir nach, bis zum Güterbahnhof. Zu den Abstellgleisen.«

Marcel tat so, als denke er nach. »Am Freitag? Ah ja, da bin ich dort gewesen.«

Andy kochte. »Ich hab gesehen, was du getan hast.«

Für einen winzigen Augenblick, für den Bruchteil einer Sekunde, huschte ein Grinsen über Marcels Gesicht. Hätte Maik in diesem Moment mit den Augen gezwinkert, hätte er es nicht bemerkt, so kurz war die Regung gewesen. Doch es hatte ausgereicht, um allen hier einen Schauer durch den Körper zu jagen.

Andy drückte seinen Rücken durch. »Hast du nicht Lust, den anderen davon zu erzählen?«

Wieder zuckte Marcel nur mit den Schultern. »Hab abgehangen. Dort am Güterbahnhof.«

»Abhängen nennst du das?«, erwiderte Andy und nun war es mit seiner Geduld vorbei. »Dann erzähl ich es euch. Ich hab Marcel beobachtet. Warum, das weiß ich nicht. Bin ihm einfach nach. Vom Bahnsteig bis zum Güterbahnhof.«

»Und?« Messut ging das nicht schnell genug. »Was war denn jetzt los?«

Andy atmete einmal tief durch. »Ich hab Marcel gesehen, wie er über ein paar der stillgelegten Gleise gestiegen ist. Ich kann euch echt nicht sagen, was er da wollte. Keine Ahnung. Dann aber hat er eine Flasche entdeckt. So 'ne grüne Weinflasche. Die hat er am Hals angefasst und damit erst einmal wie mit einem Schwert in der Luft herumgefochten. Da hab ich mir noch nichts bei gedacht, hat vielleicht Star Wars gespielt oder so was.«

»Ach, ist das etwa verboten?«, erkundigte sich Marcel. Allerdings mit einer gelangweilten Stimme, die verriet, dass ihm das völlig unwichtig war.

»Nein«, sagte Andy. »Das ist nicht verboten. Das hättest du den ganzen Tag machen können. Aber dann ...« Er schüttelte sich bei der Erinnerung. »Plötzlich kam ein Hund angelaufen. So ein kleiner Streuner. Zwischen den alten

Waggons kam er hervor. Als Marcel ihn erblickte, hatte das Luftfechten ein Ende. Er hat die Flasche auf dem alten Gleis zerschlagen. Dann ist er mit dem abgebrochenen Flaschenhals auf den Hund zu. Das dumme Tier ist nicht mal weggerannt. Und dann ...« Andy schüttelte den Kopf, als wehre er sich gegen die Bilder in seinem Kopf. »Dann hat er den Hund am Hals gepackt, herumgeschleudert und schließlich die zerbrochene Flasche in das Tier gejagt.«

Tobias sprang von seinem Platz auf. »Was hast du?«

Andy nickte. »Glaubt es mir. Er hat wie mit einem riesigen grünen Dolch auf das Tier eingestochen. Wieder und wieder. Das Blut ist nur so gespritzt und ...«

Alle starrten Marcel an. Der hob endlich den Kopf und blickte in die Runde. Doch gerade so, als genieße er die Aufmerksamkeit.

Eine erdrückende Stille entstand, die nur von Messut unterbrochen wurde: »Was hast du dir dabei gedacht?«, fragte er. »Was sollte das?«

»War doch nur 'n Streuner«, verteidigte sich Marcel. »Hätte ich lieber auf einen der Bahnleute losgehen sollen? Das Vieh war schmutzig und bestimmt krank. Ich hab ihm vielleicht einen Gefallen getan und es erlöst ...«

Die Stille im Raum nahm ihnen beinahe die Luft zum Atmen.

Robert schüttelte angewidert den Kopf. Alle anderen blickten auf Marcel. So als wollten sie ihm in die Seele blicken, um zu verstehen, was in ihm vorging.

»Krank«, wiederholte Messut schließlich. »Ich weiß, wer krank ist. Und ich meine bestimmt nicht den Hund!«

Maus und Katzner sahen sich erneut an. Thomas Maus setzte gerade an, etwas zu sagen, als Tobias fragte: »Können wir eine Pause machen?«

»Oh ja, bitte«, pflichtete ihm auch Martin bei.

Beide Trainer nickten. »Vielleicht keine schlechte Idee«, sagte Katzner. »Schnappt mal nach Luft.«

Marcel blieb allein sitzen. Wieder machte er den Eindruck, als genieße er die Aufmerksamkeit der anderen. Obwohl oder gerade weil sie ihn mit Verachtung und Ekel ansahen.

Katzner und Maus stellten sich am Fenster zusammen und besprachen sich leise. Maik erhob sich ungelenk und tappte hinter den anderen die Treppe hinunter. Plötzlich wurde er am Arm gepackt. »Mir ist schlecht«, offenbarte Andy ihm. »Mir war schon schlecht, als ich das am Freitag gesehen hab. Diesen Irren auf den Gleisen. Aber jetzt ... Hier ... Dieses Grinsen von Marcel. Dieses ... Er ...«

»Wieso hast du nicht früher schon was gesagt?«, wollte Maik wissen.

Andy sah ihn fast verzweifelt an. »Soll ich ehrlich sein? Ich war mir nicht sicher, ob ich das alles nur geträumt habe. Das war so irre. So unrealistisch. So ...« Er suchte mit beiden Händen seine Hosentaschen ab. »Mist. Kippen vergessen«, sagte er. »Hast du welche?«

Erst jetzt fiel Maik auf, dass er seine Jacke vergessen hatte. »Ich hol meine«, versprach er und drehte sich um. Von hinten rief ihm Andy erleichtert ein »Danke« hinterher.

Oben, im ersten Stock angekommen, sah Maik, wie Marcel hinter der Tür zu den Toiletten verschwand. Ist eine gute Idee, dachte Maik nur. Besser er taucht erst mal ab. Draußen, bei den anderen, hatte er bestimmt einiges zu erwarten.

Maik wandte sich nach links, dem leeren Klassenzimmer zu, als er Stimmen hörte. Die Tür war nur angelehnt. Katzner und Maus waren im Gespräch. Maik wollte die Tür öffnen, um seine Jacke zu holen, als der Name »Marcel« fiel.

Er stockte. Die beiden Trainer sprachen also auch über das, was vorgefallen war. Und Maik konnte nicht anders. Er verharrte in seiner Position und lauschte. Er war zu gespannt, wie die Erwachsenen über Marcel sprachen, den alle anderen schon als Psycho, Irren und Bekloppten abgetan hatten.

»Ich denke, wir sind uns da einig«, hörte Maik die Stimme von Uwe Katzner. Er beugte sich etwas vor und konnte jetzt, durch den winzigen Spalt der angelehnten Tür, in den Raum hineinschauen. Katzner und Maus standen immer noch am Fenster. Sie sahen besorgt aus. Betroffen.

Gerade nickte Maus zustimmend: »Unser erster Eindruck aus dem AGT-Interview hat sich leider bestätigt. Marcel ist einfach falsch hier.«

Maik riss die Augen auf. Wurde Marcel jetzt rausgeschmissen?

Katzner fuhr sich mit der Hand übers Gesicht. »Der braucht ganz andere Hilfe. Und die können wir ihm nicht bieten.«

Tatsächlich: Rausschmiss! Doch dafür sprachen die beiden zu ruhig miteinander. Es gab keinerlei Anzeichen von Wut. Ganz im Gegenteil. Maik hörte eindeutig Mitgefühl aus den Stimmen der Trainer heraus. Und echte Sorge.

»Das AGT ist noch zu früh für ihn«, sagte Katzner. »Erst einmal muss er mit sich selbst ins Reine kommen. Hier liegen in erster Linie keine Verhaltensstörungen vor. Diese grundlose Wut führe ich doch eher auf psychische Störungen massiver Art zurück. Da gehört schon einiges dazu, solch eine Nummer abzuziehen.«

»Sehe ich auch so, Uwe. Das ist ein Fall für Experten, die sollen sich seine gruseligen Taten anschauen, das wird eine langwierige Arbeit, die tiefer liegenden Gründe dafür aufzuarbeiten.«

Katzner griff nach dem Ordner, den er auch beim letzten Mal mitgeführt hatte. »Ich habe bereits mit Frau Tünsch gesprochen.«

Maik zuckte zusammen, als er diesen Namen hörte. Die Lynch. Die gnadenlose Richterin!

»Ich habe ihr vorgeschlagen, dass Marcels Auflage umgewandelt werden soll«, sagte Katzner weiter. »Dass wir möchten, dass Marcel einer psychiatrischen Behandlung zugeführt wird.«

»Was sagt sie dazu?«

»Sie ist absolut einverstanden. Sie hat sogar zugegeben, dass sie lange gezögert hätte, Marcel in ein AGT zu geben. Sie hatte sich bloß daran erinnert, dass wir schon mal einen fast hoffnungslosen Fall durch das AGT gebracht haben ...«

Maus lachte. »Wen meint sie? Etwa Viktor, oder nicht?«

»Genau. Auch der wusste ja nicht, wohin mit all seiner Wut. Und weil er damals das AGT bestanden hatte, wollte Frau Tünsch es mit Marcel auch versuchen.«

Maus schüttelte den Kopf. »Aber das hier ist anders als bei Viktor. Marcel muss erst ganz anders an sich arbeiten.«

Katzner öffnete den Ordner. »Ich habe mir Folgendes überlegt: Wir informieren Marcels Bewährungshelfer. Der soll ihn auf dem Weg in eine psychiatrisch-psychologische Maßnahme begleiten. Wenn die Therapie gut verlaufen ist, kann man ja noch einmal über ein AGT nachdenken. Vielleicht sofort im Anschluss. Erst mal schauen, wie Marcel sich entwickelt.«

»Wenn er dann aus der Psychiatrie wiederkommt, kann er sein AGT im nächsten Jahr nachholen. Ja, das finde ich gut.«

»Und dann kriegt der auch die Kurve«, sagte Katzner mit einer Überzeugung, dass selbst Maik nicht daran zweifelte.

Er stand noch immer vor der Tür. Mit schlechtem Gewissen und weichen Knien. Völlig baff blickte er durch den Spalt auf die beiden Trainer. Erstaunt und fasziniert, das traf es eher. Maus, Katzner, Lynch. Was die drei sich für Gedanken machten – bereits im Vorfeld. Maik war davon ausgegangen, dass sie alle bloß eine Nummer waren. Fälle, die man schnell mal durch ein AGT schleuste, weil es eben irgendwo in einem Gesetzbuch stand.

Das Gegenteil war der Fall. Selten hatte Maik jemanden mit so viel Sorge und Mitgefühl über einen abwesenden Dritten sprechen hören. Und erst recht nicht über einen Irren. Maik hatte keinen Zweifel, dass es für Marcel das Beste war, den von den Trainern vorgeschlagenen Weg einzuschlagen.

Maik fühlte sich, als hätte jemand seine ganze Welt auf den Kopf gestellt. Er wandte sich von der Tür ab, um nach draußen zu gehen. Die Zigaretten hatte er völlig vergessen.

Doch die brauchte er auch nicht, denn schon kamen ihm die anderen entgegen. Die Pause war um.

»Wo warst du denn?«, erkundigte sich Andy.

»Klo«, log Maik kurzerhand. »Sorry wegen der Zigaretten.«

Andy winkte lachend ab. »Kein Ding. Messut hat 'ne Runde ausgegeben. Nächstes Mal bin dann einfach ich dran.«

»Klingt doch gut«, sagte Maik abwesend, dann folgte er den anderen in den Raum. Doch es war ihm, als betrete er dieses Klassenzimmer zum allerersten Mal.

Auf dem Heimweg im Bus hielt er es auf seinem Platz beinahe nicht aus, so unruhig war er. Er überlegte, Julia anzurufen, aber wie hätte er ihr die Situation erklären sollen und sie in die vielen Gedanken einweihen, die in seinem Kopf eine Verfolgungsjagd veranstalteten. Er stieg zwei Haltestellen früher aus und lief nach Hause, obwohl es schon spät war. Alles, was er mit Katzner und Maus erlebte, stellte seine bisherigen Erfahrungen mit Autoritätspersonen infrage. Unwillkürlich musste er an seine zweite Schlägerei mit Jonas denken.

Herr Langen.

Wie hatte sich Maik in ihm getäuscht!

Damals.

Noch immer in der fünften Klasse.

Damals, als Maik zum zweiten Mal von Jonas auf dem Schulhof angemacht worden war. Damals, als es die nächste Prügelei gegeben und Maik wieder auf Herrn Langens Verständnis gehofft hatte. Damals, als Maik wie ein Idiot behandelt wurde. Vor der gesamten Klasse.

Es war noch alles frisch in seiner Erinnerung. Er stand wieder an der Tafel. Den Blick auf Herrn Langen gerichtet. Völlig ratlos. Denn anstatt mit Jonas zu schimpfen, bekam Maik alles ab. Und jedes Wort aus Herrn Langens Mund hatte mehr geschmerzt als die aufgeschürften Hautstellen, die von der Prügelei zeugten.

»Nach allem Verständnis, das ich für dich aufgebracht habe.« Er schrie seine Tirade Maik regelrecht ins Gesicht. Jonas stand daneben und grinste unverschämt. Das war für Jonas wie Geburtstag und Weihnachten zusammen. »Da fällst du mir so in den Rücken«, schrie Herr Langen weiter. »Ich hab mich für dich eingesetzt. Ich hab dich vor der ganzen Klasse verteidigt. Stellung für dich bezogen. Und du dankst es mir, indem du dich erneut prügelst?«

Maik rang nach Worten: »Aber ich ...«

»Halt den Mund!« Jetzt überschlug sich die Stimme

des Lehrers. »Ich will gar nichts mehr von dir hören. Ich möchte, dass du dich auf deinen Platz setzt und über das nachdenkst, was heute geschehen ist. Und dann möchte ich deine Eltern hier sehen ...« Er räusperte sich und wurde etwas leiser. »Entschuldige. Ich möchte deine Mutter hier sehen. Morgen, dreizehn Uhr, nach der Schule. Ich hab mich in dir getäuscht. Wir müssen da ganz anders vorgehen. Dachte, du bist clever genug, um zu verstehen. Es geht wohl nur mit Härte und Strenge bei dir!«

Maik blickte den Mann verwirrt an. Er konnte sich nicht erklären, was gerade geschehen war. Vor wenigen Wochen, als es zur ersten Prügelei gekommen war, da hatte Herr Langen ihn in Schutz genommen und von Maiks schwieriger Situation erzählt. Nun war Maiks Situation immer noch schwierig, es war erneut zur Prügelei gekommen, doch jetzt war Maik plötzlich der Schuldige. Das alles passte nicht zusammen. War das Erwachsenen-Logik? Oder tickten Lehrer auf diese Weise? Für Maik kam alles ins Wanken.

Er verzichtete darauf zu erklären, dass es Jonas war, der den Streit begonnen hatte. Er verzichtete auch darauf nachzufragen, wo denn genau sein Fehlverhalten liegen sollte. Und der Funke Hoffnung, der in Maik gekeimt war, nachdem Herr Langen ihn in Schutz genommen hatte, war dahin.

Wie ein getretener Hund schlurfte Maik zu seinem Platz, dicht gefolgt von Jonas' triumphierendem Grinsen. Er ließ sich auf seinem Stuhl nieder und überlegte noch kurz, wie er das alles seiner Mutter erzählen sollte, bevor er einen Entschluss fasste: Auf Erwachsene war kein Verlass. Auch auf Gleichaltrige war kein Verlass. Das hatte er nun gelernt. Er war gewiss nicht der Beliebteste in der Klasse. Eigentlich ähnelte sein Status dem in der Grundschule: Die anderen kicherten ganz gern über die seltenen, dann aber treffsicheren Sprüche Maiks, doch ansonsten hielt man sich von ihm fern. Wenn aber jemand gebraucht wurde, auf dem man rumhacken oder dem man etwas in die Schuhe schieben konnte, dann war Maik einer der Ersten, die man dafür aussuchte.

# 10

Erzähl doch mal!« Sie stellte die beiden Kaffeetassen auf den Küchentisch. »Wo wir beide doch schon mal hier sitzen, kannst du endlich mal in aller Ruhe berichten.«

Da war es wieder, dieses »Wir«, doch Maik ignorierte es einfach. »Was soll ich denn erzählen?«, fragte er stattdessen gähnend. Sie ging gewiss nicht davon aus, dass er etwas ausgefressen hatte. Sonst würde sie anders klingen.

»Na, von diesen Antigewalt-Treffen«, gab sie zur Antwort. »Immerhin warst du schon zweimal dort.«

»Und?«

»Na, erzähl doch mal. Gefällt es dir dort? Sind sie nett, diese beiden Trainer? Wie sagt ihr noch? Tom und Jerry.«

Maik zuckte zusammen. »Nenn sie nicht so.«

»Aber so sagt ihr doch zu den beiden. Tom und Jerry.«

»Ja. Wir schon. Aber du doch nicht!« Er wunderte sich selbst, warum er so heftig reagierte, vielleicht war es einfach zu früh am Morgen, doch eigentlich wollte er nicht, dass seine Mutter in seiner Sprache redete.

»Ich will doch nur wissen, ob es dir guttut, dorthin zu gehen. Wirkt es schon? Oder ...« Seine Mutter war wirklich hartnäckig.

»Was ist das denn für eine Frage«, entrüstete sich Maik erneut. »Wirkt es schon? Was soll denn da wirken? Hör mal, da steht kein Druide in der Zimmermitte und rührt für alle einen Zaubertrank an. Und überhaupt: Was heißt denn das: Wirkt es?«

Sie hob beschwichtigend beide Hände. »Entschuldige. So hab ich das doch nicht gemeint. Ich wollte nur wissen, ob es etwas bringt.«

Ja, das wüsste ich auch zu gern, dachte Maik. »Es bringt eine Menge Grübeleien. Aber sonst ...« Er blickte zu seiner Mutter auf: »Was erhoffst du dir denn davon? Was soll es denn bringen, das AGT?«

Das war ein Volltreffer. Denn sie kam ins Stottern. »Weiß nicht so genau ... Dass dir eben geholfen wird ... Also, dass nicht mehr so was passiert wie früher ... Oder dass du ... also ...« Sie stellte die Kaffeetasse hin. »Was macht ihr denn dort so?«

»Reden.«

»Worüber?«

»Über uns. Und das AGT.«

Allmählich verlor sie die Geduld. »Nun erzähl doch mal was! Kann doch nicht so schwer sein.«

Maik wollte ihr den Gefallen gerne tun. Aber was sollte er denn berichten? Nie im Leben würde er von Marcel erzählen. Seine Mutter sollte auf keinen Fall erfahren, dass man ihn mit psychopathischen Hunde-Aufschlitzern in einen Raum gepfercht hatte. Also beschloss er, von der Übung zu erzählen, die sie beim letzten Mal nach der Pause durchgeführt hatten. Ohne Marcel. Katzner hatte die Übung geleitet, während Maus mit Marcel auf den Schulhof gegangen war, um ein längeres Gespräch zu führen.

»Herr Katzner hat uns den Auftrag gegeben, eine Pipeline zu bauen. Er hat drei Fußbodenleisten mitgebracht, alle etwa einen halben Meter lang. Du weißt schon, so für den Bodenabschluss zwischen Teppich und Wand.«

Sie nickte und trank von ihrem Kaffee.

»Diese Dinger kann man so halten, dass sie eine Rinne

ergeben. Katzner hat immer zwei von uns eine Leiste gegeben. Wir sollten eine Murmel von einem Ende des Schulflures zum anderen Ende rollen, allein durch diese Rinne aus Bodenleisten. Immer zwei haben miteinander eine Leiste gehalten. Und wenn die Kugel über deine Leiste gerollt ist, fällt sie in die nächste, dann stellt man sich vorne wieder an und verlängert die Rinne und so weiter.«

»Und? Hat es geklappt? Da war echte Teamarbeit gefragt, scheint mir.«

Maik grinste. »Ja. Das war ein ganz schönes Stück Arbeit. Bis wir mal einigermaßen zusammengearbeitet haben. Diese blöde Murmel ist andauernd auf den Boden geknallt, weil irgendwer nicht aufgepasst hat.«

»Hat das nicht genervt?«

»Doch. Und wie!«

»Gab es Streit?«

»Nein. Warum? Wir wollten doch alle das Ziel erreichen«, gab er zur Antwort und zuckte kurz. Er hatte von »Wir« gesprochen. Ganz unwillkürlich.

Sie nippte an der Tasse. »So viel Geduld hast du sonst nie. Da bist du schnell auf hundertachtzig.«

Erwischt! »Ja. Stimmt schon. Aber ... Also ...«

Sie lächelte. »Klingt doch alles ganz gut. Habt ihr es denn geschafft?«

Nun lachte Maik befreit auf. »Das war der Hammer. Als wir es endlich fast erreicht hatten, da stellte sich Herr Katzner uns in den Weg. Absichtlich. Der hat natürlich getan, als sei das aus Versehen. Als wir mit der Murmel in unseren Leisten ankamen, da stand er einfach da ...«

»Und?« Sie stellte gespannt die Kaffeetasse ab.

»Erst hat Andy ihm deutlich zu verstehen gegeben, dass er aus dem Weg gehen soll. Doch das hat Herr Katzner nicht gemacht. Also haben Tobias und Messut ihn vorsichtig an den Armen gepackt und zur Seite geschoben. Doch stell dir vor, Katzner hat sich gerade wieder an den Platz gestellt und weitergestört.«

»Unglaublich.«

»Das Ganze hörte erst auf, als Andy noch einmal auf Herrn Katzner zu ist. Doch dieses Mal hat er ihn sehr freundlich gebeten. In der Art wie: ›Könnten Sie bitte zur Seite gehen, damit wir unseren Auftrag erfüllen können?‹ Da erst hat Herr Katzner ebenso freundlich reagiert und ist zur Seite gegangen.«

»Also ohne Streit?«, hakte sie fasziniert nach. »Einfach nur mit Freundlichkeit gegenüber Störern?«

Und wieder musste Maik zugeben: »Ja, ohne irgendwelchen Ärger ... und ... und mit Freundlichkeit.«

Sie stand auf und bekam ihr Lächeln nicht aus dem Gesicht. »Und mit dem Druiden bist du dir sicher?«, murmelte sie im Weggehen, doch Maik war nicht sicher, ob er sie richtig verstanden hatte. Er wollte aber auch nicht mehr nachfragen, denn es war Zeit für die beschissene Maßnahme.


Das Handy schreckte ihn vom PC auf.

»Na, Großer, hast du heute Nachmittag Zeit?« Sein Großvater war offenbar guter Laune.

Eigentlich habe ich keine Zeit, dachte Maik. Er hatte vorhin erst geplant, am Mittag mal wieder zum Sportplatz zu gehen. Er hatte Alex schon länger nicht mehr gesehen. Doch sein Big Ben klang so vergnügt, dass Maik es nicht wagte, ihn zu enttäuschen, daher sagte er: »Geht schon. Was ist denn los?«

»Ich hab sie!«, klang es vom anderen Ende her.

»Sie?«

»Die neue Motorsäge. Die aus dem Prospekt neulich.«

Daher die gute Laune. »Hast du die wirklich gekauft?«

»Ich halte sie jetzt in meiner Hand.«

Maik verdrehte die Augen. Was hätte man sich mit dem Geld alles leisten können. »Und jetzt?«

»Jetzt machen wir beide endlich ›Klar Schiff‹ im Schrebergarten. Seit dem heftigen Sturm vor zwei Wochen sieht es dort aus wie in »Der Untergang von Rom«, bloß ohne Römer. Wir beide müssen da unbedingt mal ran.«

Maik zögerte kurz. Wenn der Großvater es ehrlich meinte, war das okay. Doch wenn er ihn nur zum Schrebergarten locken wollte, damit er ihm wieder Vorhaltungen machen konnte, dann würde er sofort wieder gehen. »Okay«, stimmte er zu. »Ich werd da sein.«


Sechs ganze Stunden hatten sie gearbeitet. Inzwischen war die Sonne schon beinahe untergegangen. Mit völlig verschwitzten Shirts standen Maik und Big Ben am Häuschen des Schrebergartens und besahen sich ihr Werk. Sie hatten nicht nur den Apfelbaum zersägt und gehäckselt, der nach dem letzten Sturm quer auf der Hecke gelegen hatte. Sie hatten auch die anderen Bäume beschnitten, die Hecke, soweit es ging, in Ordnung gebracht und sich auch um die Wege und das Häuschen gekümmert. Die Arbeit konnte sich sehen lassen.

»Danke, Junge«, sagte Big Ben schließlich und klopfte Maik auf die Schulter. »Du hast wirklich Geschick. Deine Mutter sagt, dass es im AGT ganz gut läuft?«

Maik wunderte sich, dass er nun darauf angesprochen wurde. »Ja. Läuft.«

Big Ben strahlte ihn stolz an. »Ich finde, du bist auf einem sehr guten Weg, Junge. Deine Mutter freut es zu sehen, wie sich alles entwickelt. Und mich auch. Zudem hast du mir heute einen großen Gefallen getan. Und ich finde, so was darf sich auch mal auszahlen.«

»Was meinst du denn damit?«, fragte Maik misstrauisch.

Big Ben griff in seine Hosentasche und zog einen braunen Geldschein heraus. »Fünfzig Euro, Maik. Für dich. Für deine Hilfe hier. Und auch, um dir zu zeigen, dass ich mich freue, welchen Weg du gerade einschlägst. Bleib ehrlich und sauber. Du siehst: Es lohnt sich.«

Maik starrte auf den Geldschein. »Und ob«, gab er nur zur Antwort und Big Ben lachte.

»Und du weißt sicher auch schon, was du mit dem Geld machst?«

Maik stutzte. »Wieso ...?«

Big Ben blickte seinem Enkel fest in die Augen. »Gib den Schein deiner Mutter. Du hast immer noch vierhundert Euro Schulden bei ihr. Wegen dieses blödsinnigen Vertrags, den du dir hast aufschwatzen lassen, nur um an so ein Smartphone ranzukommen. Glaub nicht, ich wüsste das nicht. Es gibt einen Grund, warum ihr Halbwüchsigen in der Regel keine Unterschriften leisten dürft, auf das Kleingedruckte kommt es an. Gib deiner Mutter dieses Geld. Sie hat schon genug gelitten in der Vergangenheit und ...«

Maik wollte gerade nachhaken, wie genau sein Großvater das meinte, als dieser das Gespräch beendete: »Ach. Und jetzt Schluss damit. Lass uns Feierabend machen!«

# 11

Ach ne, schau mal. Gibt's dich noch?« Alex kam auf Maik zu und riss ihn aus den Gedanken. Er musste wirklich mit diesen Grübeleien aufhören.

»Hey. War viel los in letzter Zeit.« Erwartungsgemäß waren alle seine Kumpels gekommen, wie eigentlich immer. Außer Julia. Die musste er unbedingt mal wieder anrufen, wo es gerade so gut lief.

»Muss wohl so sein.« Alex zog Maik, ohne zu fragen, mit sich. Sie gingen ein paar Schritte in Richtung einer Parkbank. »Du, Maik, hey: Du lässt uns doch nicht hängen, oder?«

Maik sah ihn überrascht an. »Hängen lassen? Euch? Sag mal, wieso ...!«

Alex schlug ihm versöhnlich auf die Schulter. »Bist ganz schön komisch in letzter Zeit. Lässt dich kaum blicken. Da fragt man sich schon ...«

Maik starrte ihn an. »Was fragt man sich schon?«

»Ob du noch einer von uns bist.«

»Wie seid ihr denn drauf?« Maiks Überraschung war keinesfalls gespielt. »Ihr seid meine Kumpels und das, auch wenn wir nicht jeden verdammten Tag gemeinsam abhängen. Hab halt jede Menge an der Backe. Außerdem gebe ich euch nicht auf, weil ihr halt echte Freunde seid und nicht solche Ärsche wie die Typen um Jonas damals.«

»Was war das eigentlich mit dir und Jonas?« Alex klang, als ob er jahrelang auf diese Gelegenheit gewartet hatte. Dabei war Alex zeitweise sogar in seine Klasse gegangen.

Maik atmete tief ein: »Ich war als Kind nicht unbedingt der Beliebteste. Das ging sogar so weit, dass ich unbedingt in den Freundeskreis von Jonas wollte.«

»Jonas? Quatsch. Der Vollidiot?«

»Genau. Hab mich sogar anstiften lassen von ihm. Da war ich vielleicht ... etwa ... dreizehn Jahre alt. Sollte Kippen klauen im Supermarkt. Hey, du weißt schon: in dem Supermarkt, in dem meine Mutter arbeitet.«

Alex setzte sich auf die Rückenlehne einer Parkbank und Maik setzte sich dazu.

»Hast du das echt gebracht?«, wollte Alex wissen.

»Was sollte ich denn tun? Das war die Möglichkeit, zwei Fliegen mit einer Klappe zu schlagen. Ich könnte zu Jonas' Gruppe gehören und er würde mich nicht mehr nerven.«

»Aber Ladenklau? Mit dreizehn?«

»Lass mich doch mal erzählen! Ich bin also rein, traf dort aber meine Mutter und da kam mir der Einfall, ihr die Kippen aus ihrer Tasche zu klauen. Das war einfacher. Sie hat doch immer ein frisches Ersatzpäckchen dabei. Und mit den Stängeln bin ich raus zu Jonas, klar?«

»Klasse.« Alex zeigte sich beeindruckt. »Clever gelöst. Und? Hattest du danach Ruhe? Warst du Teil der Gruppe?«

»Jonas setzte noch einen drauf. Nun musste ich helfen, die Packung zu leeren. Ich! Mit dreizehn. Ich hab ein paar Mal gezogen und dann gekotzt wie ein Wasserwerfer. Damit war ich wieder der Loser und Vollidiot für Jonas und seine Halbaffen.«

Alex setzte zu einer Antwort an, doch da merkte er, dass Maik noch nicht fertig war: »Das Schlimmste aber war das Nachhausekommen. Meine Mutter hat bemerkt, dass ich sie bestohlen hatte. Mann, diesen Blick werde ich nicht vergessen. Hab ihn ja immer wieder zu sehen bekommen, diesen vorwurfsvollen Blick. Aber damals ... beim ersten Mal in ihre Handtasche greifen ... Du, das war, als ob ... als ob ...«

Alex nickte verständnisvoll. Statt eine Antwort zu geben, sprang er von der Bank herunter. »Du grübelst zu viel«, schlussfolgerte er. »Wenn du Freunde haben willst, dann komm jetzt mit. Wir sind für dich da. Entspann dich. Wir haben auch was zu trinken da.«

Maik lachte. »Okay, dann lass uns Spaß haben und erst mal ein lecker Bierchen schlubbern.«

Als sie zu den anderen kamen, hatte gerade Paul wieder einmal alle Aufmerksamkeit auf sich gezogen. »Tja, wenn ihr euch diese Gelegenheit entgehen lassen wollt«, brüllte er gerade in die Runde. »Selbst schuld.«

Maik wandte sich an Alex: »Was ist denn mit dem?«

»Der will seine Spielkonsole verkaufen. Aber keiner hier hat genug Geld.«

»Spielkonsole?«

»Die Mercury-Four.«

Maik gingen die Augen über. »Was?«

»Ja, genau. Die bringen die Mercury-Five raus. Schon nach einem halben Jahr. Irre, was?«

»Wie viel will Paul denn haben?«

Alex lachte. »Mehr als du in der Tasche hast, du Pleitegeier. Siebzig Ocken.«

Maik dachte an den Schein in seiner Tasche. Immerhin fünfzig hatte er dabei. »Die Mercury-Four«, sagte er mehr zu sich selbst. »Geilste Kiste zurzeit.«

»Vergiss es«, mahnte Alex noch, als Maik auf die Gruppe zutrat.

Maik stellte sich direkt vor Paul: »Ich nehm sie für einen Fuffziger«, erklärte er.

Paul winkte ab. »Klar. Ausgerechnet du.«

Maik zog den Schein aus der Tasche. »Ich wollte die schon immer haben, die Mercury-Four. Das weißt du.«

»Hey«, staunte Paul. »Woher hast denn du die Kohle.«

»Ehrlich verdient.«

Paul lachte. »Ja klar! Zwanzig fehlen aber noch.«

Maik streckte die Hand mit dem Schein aus. »Nimm es oder lass es!«

Nachdenklich blickte Paul auf das Geld. Doch schließlich griff er danach. »Abgemacht!«

Maik stieß einen Jubelschrei aus vor Begeisterung. Er konnte sein Glück kaum fassen. Er war jetzt also Besitzer der coolsten Spielkonsole, die es gab. Er hätte platzen können vor Freude.

Trotz dieses geilen Deals ließ Maik die alte Erinnerung, die er Alex vorhin erzählt hatte, nicht mehr los. Ja, Jonas hatte Maik damals tatsächlich dazu gebracht, seine eigene Mutter zu bestehlen. Nur um dazuzugehören. Maik könnte heute gar nicht mehr einschätzen, wie viele Zigarettenpackungen er ihr in der Zwischenzeit gestohlen hatte; aus ihrer Handtasche, aus dem Küchenschrank oder auch aus dem Lager des Supermarktes, in dem seine Mutter damals gearbeitet hatte. Nur um dazuzugehören. Es hämmerte in seinem Kopf: DIE EIGENE MUTTER BEKLAUT!

# 12

Die nächsten Tage verbrachte Maik auf seinem Bett, die Bedienung der Spielkonsole in der Hand, die Colaflasche zwischen den Füßen und die Augen starr auf den Fernseher gerichtet, wo er sich ein Gefecht nach dem anderen lieferte. Diese Konsole begeisterte ihn völlig. Die Grafiken waren so gestochen scharf und schnell, dass Maik sich wie in der Realität fühlte. Die Welten, die er aufsuchte, um sich im Kampf zu messen, erschienen ihm so wirklich und realitätsgetreu, dass sein Adrenalin pausenlos in die Höhe schoss, wenn er schwer bewaffnet darin unterwegs war. Er metzelte Aliens nieder, ebenso wie riesige Drachen, schwarze Magier oder Nazis in braunen Uniformen. Wenn seine Mutter mal ins Zimmer schaute, um ihn anzusprechen, nahm er es wie in einem Traum wahr. Er reagierte kaum, denn er hatte mittlerweile einen so hohen Spiele-Level erreicht, dass er es sich nicht erlauben konnte aufzublicken. War es Morgen oder Abend, wenn sie in seinem Zimmer stand? Er konnte es nicht sagen. Einmal hörte er das Wort »Berufsfördermaßnahme« aus ihrem Mund. Doch auch damit konnte sich Maik nicht befassen. Dieser Begriff passte so gar nicht in das Universum, in dem er gerade ganze Welten retten musste. Es lag an ihm, an ihm allein, ob er Welten rettete oder untergehen ließ! In seiner Macht stand es, ob die Nazis weiter vorrückten oder gestoppt wurden. Er war der Alleinherrscher in diesen Universen. Ihm gehörten alle Kraft und alle Macht. Die vorbeiziehenden

Tage waren ein einziger Bilderrausch. Kein Alltag, keine Probleme. Er spielte stundenlang. Dann fiel er erschöpft hintenüber, schlief einige Zeit. Und wenn er aufwachte, nahm er sofort das Gamepad in die Hand und versuchte, neue Welten zu retten und weitere Planeten zu erobern. Einzig der Gang zur Toilette ließ sich nicht aufschieben.

Eines Tages war der Zauber vorüber. Maik kam gerade von der Toilette. Die Spülung rauschte noch. Zuvor hatte er ein paar Stunden geschlafen, während der Fernseher und die Spielkonsole eingeschaltet auf ihn gewartet hatten. Aber nun blickte Maik darauf und fühlte eine Leere in sich, wie er sie bisher nie gekannt hatte. Er ließ den Blick schweifen, vom Fernseher über den kippenübersäten Teppich bis hin zu den halb leeren Colaflaschen und den aufgerissenen Chipstüten, von denen sich die Hälfte des Inhalts ebenfalls über den Teppich verteilte. Erst jetzt nahm er den Geruch in seinem Zimmer wahr und er hätte sich beinahe übergeben. Maik hechtete zum Fenster. Er zog die Rollläden in die Höhe und wandte den Kopf, als ihm die Sonne schmerzhaft in die Augen stach. Er riss die Fenster auf, dann ging er ins Bad und duschte sich ausgiebig.

Sein Kopf brummte. Gerade so, als hätte er die letzten Tage nicht gespielt, sondern gesoffen. Wie benommen schwankte er in sein Zimmer und räumte erst einmal grob auf. Und mit jedem Müllstück, das aus seinem Raum verschwand, lichtete sich auch der Nebel in seinem Gehirn. Schließlich nahm er sogar die Spielkonsole und packte sie in den Kleiderschrank. Er wunderte sich selbst, doch sie hatte allen Reiz verloren.

Das kommt später vielleicht wieder, dachte er noch. Die restlichen Chips schüttete er in den Müll, knüllte die leeren Tüten zu einem einzigen knisternden Ball zusammen und brachte sie in die Küche. Seine Mutter stand dort. Sie war dabei, den Kühlschrank auszuwaschen.

»Oh, sieh an, wer wieder unter den Lebenden ist«, sagte sie nur knapp, ohne aufzusehen.

»Guten Morgen«, erwiderte Maik.

In diesem Moment blickte sie doch auf. »Guten Morgen? Ach du Schreck!«

Maik schaute zur Küchenuhr. Es war halb drei am Nachmittag.

Sie ging nicht weiter darauf ein, sondern sagte nur knapp: »Andy hat angerufen.«

»Andy?« Maik musste sich konzentrieren. Sein Gehirn lief noch im Sparmodus. »Ach so, Andy. Ja. Was wollte er?«

»Hat er mir nicht gesagt. Aber er klang besorgt. Du sollst schnellstmöglich zurückrufen.«

Maik griff nach der Kaffeekanne.

»Schnellstmöglich«, hakte die Mutter noch einmal nach. Und Maik verstand.

Zum Glück hatte er vorhin die Chipstüten eingesammelt, sonst hätte er in seinem Zimmer das Handy nicht mehr gefunden.

»Mensch Alter, wo steckst denn du!« Andy klang nicht besorgt. Er wirkte eher panisch.

»Nun mal langsam. Auch hallo. Ich hatte ...«

»Ärger hast du. Richtig Ärger, Mensch. Beweg deinen Arsch hierher. Heute noch.«

Maik kratzte sich den Kopf. »Was 'n los?«

»Die schmeißen dich raus. Du kannst doch nicht ganze vier Tage wegbleiben und dich nicht melden. Der Schubert ist stinksauer. Der wütet hier rum wie einer der Orks aus Herr der Ringe. Abgesehen davon, habe ich mir auch Sorgen gemacht. Nun komm!«

»In die Maßnahme?« Maik verstand immer noch nicht ganz.

»Ja, red ich denn afrikanisch?« Andy war offensichtlich sauer. »Nein, komm in den Zoo. Ins Affenhaus. Idiot!«

In Maik machte sich Beklemmung breit. Hektisch stieg er in seine Turnschuhe. Vier Tage hatte Andy gesagt. Vier? Dazwischen hatte noch das Wochenende gelegen. Sollte Maik tatsächlich fast eine ganze Woche vor der Konsole zugebracht haben?

Er eilte in den Flur, zog sich die Jacke vom Kleiderhaken und hörte seine Mutter noch rufen: »Auch Julia hat angerufen. Hast schon lange nichts mehr von ihr erzählt. Ist alles gut mit euch ...?« Maik zog bereits die Tür hinter sich zu und hastete die Treppe hinunter. Julia – das musste warten. Wenn ihm tatsächlich so viele Tage verloren gegangen waren, dann musste sie stinksauer sein, weil er sich nicht gemeldet hatte. Wenn sie sogar auf das Festnetz angerufen hatte ... Also noch eine Baustelle, um die er sich kümmern musste. Doch egal, jetzt war erst Andy an der Reihe

In Rekordgeschwindigkeit rannte er zur Maßnahme. Natürlich hätte er auch den Bus nehmen können, doch da hätte er über zehn Minuten warten müssen. Dazu fehlten ihm die Nerven. Die Panik aus Andys Stimme hatte sich auf Maik übertragen.

*»Die schmeißen dich raus!«*

Verschwitzt und außer Atem riss er die Eingangstür auf. Schon auf den letzten Metern zu Schuberts Büro begrüßten ihn seine Worte: »Ach nein, wer kommt uns denn heute besuchen?«

Maik rang nach Atem. »Tag, Herr Schubert.«

»Das war's? Mehr kommt nicht von dir? Tag, Herr Schubert?«

»Entschuldigen Sie, ich ...«

Schubert hob die Hand. »Nicht hier im Flur. Komm rein! Schließ die Tür!«

Maiks Hände zitterten. Ob von der Anstrengung oder aus Panik konnte er nicht einschätzen.

»Hören Sie, ich ...«

»Nein«, entgegnete Schubert scharf. »Ich höre nicht. Auf deine faulen Ausreden kann ich verzichten. Du kannst doch nicht einfach vier Tage ohne jegliche Nachricht fernbleiben. Was glaubst du, was das hier ist? Ein Ferienlager, in das jeder kommen kann, wann und wie es ihm passt? Hast du immer noch nicht verstanden, welche Chance wir dir hier bieten?«

Am liebsten hätte Maik ihm ein klares »Nein« entgegengeschleudert. Denn tatsächlich hatte er in den letzten fünf Monaten, die er bereits hier zugebracht hatte, nicht eine Sekunde für sinnvoll erachtet. Und er glaubte nicht, dass die kommenden sieben Monate irgendetwas daran ändern würden. Aber das konnte Maik jetzt wohl kaum zugeben.

»Da gibt man dir solch eine Möglichkeit, und du? Glaub mir, ich hätte nicht übel Lust, dich rauszuwerfen. Was machst du dann? Stehst ohne was auf der Straße. Mensch, Maik, du bist doch inzwischen alt genug, um ...«

Maik schaltete ab. Er dachte an Robert. An den ersten Abend des AGT. An das, was Modepüppchen in der Pause gesagt hatte: Ogen-Geschwätz. Jetzt, hier in Schuberts Büro, wurde Maik schlagartig klar, was Robert gemeint hatte. Pädagogen-Geschwätz prasselte gerade wie ein Platzregen auf ihn nieder. Verpatzte Chancen. Keine Einsicht. Verantwortung der Gesellschaft gegenüber. Und alle, wirklich alle hatten es entweder kommen sehen oder hatten Maik helfen wollen. Das war es: Ogen-Geschwätz in seiner reinen Form.

Doch als Schubert das Wort »Rausschmiss« erneut erwähnte, konzentrierte sich Maik wieder auf das Gespräch.

»Glaub mir, ich hätte nicht übel Lust dazu«, schnaubte Schubert. »Doch ich will dir eine letzte Chance geben. Nur weil ich es gut mit dir meine.«

Überspring mal die Ogen-Passage und komm zum Punkt, dachte Maik nur.

»Ich gebe dir diese Chance, weil deine Mutter mich am Telefon darum gebeten hat und ...«

Nun horchte Maik doch auf. »Meine Mutter?«

»Hat sie dir das nicht gesagt? Ich hab mehrfach bei euch angerufen in den letzten Tagen. Ich muss wissen, wo du steckst. Sie war ganz verzweifelt, sagte, du hättest dir wohl eine neue Spielkonsole besorgt und wärst nicht mehr ansprechbar. Geweint hatte sie. Und mich gebeten, dich nicht rauszuwerfen. Sie macht wirklich einiges mit, deine Mutter.«

Maik gefiel gar nicht, in welche Richtung sich dieses Gespräch entwickelte. Doch zum Glück lenkte Schubert ein: »Ihr zuliebe gebe ich dir diese letzte Chance. Und weil du in den letzten Wochen etwas mehr Interesse gezeigt hast. Mensch, komm mal wieder auf den Boden, Junge. Stell das Spiel in den Schrank und kümmere dich um deine Zukunft. Klar? Letzte Chance?«

Maik nickte. »Letzte Chance«, sagte er und dachte für sich: Und hoffentlich das letzte Ogen-Geschwätz, das ich über mich ergehen lassen muss! Wenn ich das Geld vom Amt nicht bräuchte, wäre ich schon längst weg! Und wenn dieses Geld nicht über das Konto meiner Mutter laufen würde, wäre ich auch dort schon weg.

Doch wohin sollte er schon?

Ach, Shit! Er war in so viele Abhängigkeiten verstrickt, da war es fast egal, welcher dieser vielen Stricke ihm schließlich die Luft zum Atmen nahm.

»Und?« Andy platzte beinahe vor Neugier. »Hab dich vorhin nicht mehr gesehen in Schuberts feinem Affenstall. Alles okay?«

»Jaja. Passt schon.«

»Nun erzähl!«

Maik beobachtete, wie sich die Türen des Busses hinter den letzten Fahrgästen schlossen und der Wagen anfuhr. Er berichtete bis ins Detail, wie das Gespräch am Nachmittag mit Schubert gelaufen war. Als der Bus schließlich an der Haltestelle vor der Schillerschule hielt, beendete Maik seinen Bericht mit »Ogen-Geschwätz eben. Kennst du ja auch.«

Andy lachte. »Stimmt. Kenn ich. Aber schön, dass sie dich nicht rausgeschmissen haben. Rettung in letzter Sekunde, was?«

»Danke für deinen Warnschuss, das hätte echt schiefgehen können.« Maik fühlte sich immer noch wie im falschen Film. Nach so vielen Tagen pausenloser Zockerei schlauchte ihn dieser Tag schon wieder und er wünschte sich nach Hause. Andererseits wartete dort seine Mutter auf ihn. Und ihr ständiges Gemecker war kaum noch auszuhalten. So war der Sprung von der Konsole in den Bus recht zügig verlaufen.

Die beiden marschierten zur Schule, wo bereits Tobias, Messut und Robert am Eingangstor standen. So, wie es Routine war. Auch Martin rollte gewohnheitsgemäß auf seinem Skateboard heran. Und kurz darauf stapften sie – wie Roboter, die ein festes Programm abspulten – die Treppe hinauf, grüßten die AGT-Trainer und schoben Tische zur Seite und Stühle in die Mitte. Selbst Artur hielt sich an die Regel und kam in der letzten Minute dazu. In seiner typischen schlurfenden Haltung und mit dem leeren Blick.

Einzig der freie Stuhl von Marcel, den versehentlich doch jemand in die Runde gestellt hatte, durchbrach den vertrauten Ablauf. Und bevor Katzner und Maus eröffneten, blickten alle gedankenverloren auf den leeren Platz.

Nur Maik ließ seinen Blick über alle Teilnehmer hinwegschweifen und dachte kurz: Ist das jetzt mein Wir? Zumindest war es ein Wir, das er noch bis heute Nachmittag um halb drei auf die Probe gestellt hatte.

Begonnen wurde mit der üblichen aktuellen Runde, in der jeder kurz berichtete, wie es ihm in der letzten Woche ergangen war. Maik war es unangenehm, von seinem viertägigen Konsolenrausch zu erzählen. Zwar erntete er einen schiefen Blick von Andy, als er behauptete, es sei nichts Außergewöhnliches vorgefallen, doch das war Maik egal.

Katzner händigte einige Arbeitsblätter aus. Sieben Seiten für jeden. Sieben! Maik starrte geschockt auf das viele Papier.

»Wir bitten euch, diese Fragen zu beantworten, jeder für sich allein«, erklärte Katzner.

»Schriftlich?«, erkundigte sich Messut erschrocken.

Maus nickte ihm zu. »Bitte.«

Kugelschreiber wurden herumgereicht und die Teilnehmer begannen zu arbeiten.

Auf so etwas hatte Maik nun gar keine Lust. Da hätte er besser doch über den Streit mit Schubert gesprochen und ein bisschen Zeit geschunden. Fragebogen ausfüllen!

Maik beschloss, sich kurz und knapp zu halten. Keine ganzen Sätze, lediglich Stichwörter.

Zur Frage »Was in meinem Leben bisher gut gelaufen ist« schrieb er: »Nichts«. Und zu »Was schlecht gelaufen ist« schrieb er: »Schule und Beruf«. Dann wurde er nach seinen Zielen im Leben gefragt. Na, das war einfach: »Einen Beruf erlernen. Führerschein machen.« So was schreibt man immer auf. Das kommt gut an. Bloß was für einen Beruf er erlernen wollte – Landschaftsgärtner –, das wollte Maik nicht angeben. Er konnte nicht einschätzen, wie die anderen darauf reagieren würden, wenn er zugab, sich für Pflanzen und Gärten zu interessieren.

Weiter: »Was ist der Sinn meines Lebens?«, wurde da gefragt. Maik stöhnte auf. Was für eine beschissene Frage. Neben ihm seufzte Andy. Vermutlich war er gerade bei derselben Frage angelangt.

Maik schrieb: »Ein schönes Leben haben«.

Das sollte reichen. Nächste Frage. Und zur übernächsten. Er stockte. Die waren allesamt nicht so leicht zu beantworten: »Was bedeutet für dich Ehre?« »Wer sind deine Vorbilder?« »Was sind deine persönlichen Stärken und was sind deine Schwächen?« Und schließlich: »Wovor hast du Angst?« »Welche Gefühle kennst du von dir?«

Er sah von seinen Blättern auf und blickte zu Katzner und Maus. Am liebsten hätte er den Kram zerrissen. Er war auch kurz davor, etwas zu sagen, als aus Messuts Ecke ein Aufschrei kam und kurz darauf flogen Papierbögen durch die Luft: »Was soll die Scheiße?« Messut sprang auf.

Katzner war sofort zur Stelle und beschwichtigte ihn mit einer beruhigenden Geste. »Das Ganze hilft, euch selbst einzuschätzen«, sagte er. »Was stört dich?«

Messut deutete auf die Blätter am Boden. »Ich versteh das alles nicht. Und dann schreib ich auch nicht gut.«

Katzner nickte. »Brauchst du Hilfe?«

»Was?«

»Ich kann dir helfen, diese Bögen auszufüllen. Lass uns in den Flur gehen, wo wir keinen stören. Dann kann ich dir in Ruhe erklären, was du nicht verstehst.«

Messut starrte Katzner an. »Sie helfen mir?«

»Klar. Dafür sind wir hier.«

Noch einen Moment sah Messut zu Katzner, dann ging er in die Hocke, sammelte die Fragebögen auf und folgte Katzner aus dem Raum.

Maik brauchte einen Moment, um sich wieder zu sammeln, dann versuchte er ebenfalls mit neuer Motivation, alles in Ruhe zu beantworten.

Er geriet dabei ins Schwitzen. Eine bedrückende Stille herrschte im Raum, lediglich unterbrochen von dem kratzenden Geräusch der Kugelschreiber auf dem Papier und dem Rascheln der Seiten, die umgeblättert wurden.

Pünktlich zur Pause war Maik fertig. Fertig mit dem Fragebogen. Und fertig mit sich selbst. Er hatte sich all diesen Fragen gestellt. Ob er ein Schläger sei. Und wann er zuschlage. Was ihn aufrege und wie er mit Kritik umginge.

Und vor allem eine Frage hatte ihn berührt: »Möchte ich mein Verhalten ändern und wenn ja, wie?« Daran hatte er lange gesessen. Schließlich war er nicht nur zu einer Antwort gekommen, sondern hatte gleich einen Entschluss gefasst: Er würde nun regelmäßig zur Berufsförderung gehen und versuchen, die Maßnahme gut abzuschließen.

Thomas Maus erhob sich von seinem Stuhl, als Maik auf ihn zutrat, um ihm die Fragebögen zu übergeben.

»Und?«, fragte Maus.

»War ganz schön schwer.«

Der Trainer blätterte die Seiten durch. »Du hast es durchgezogen.«

»Ja. Schon.«

»Obwohl es anstrengend war.«

»Stimmt.«

»Wie fühlst du dich?«

Maik horchte in sich hinein. »Gut«, sagte er ehrlich. Und mit dem Gedanken an seinen Entschluss fügte er hinzu: »Besser als vorher.«

Maus steckte den Fragebogen in seine Tasche und murmelte wie für sich: »Und das, obwohl es anstrengend war.«

Dann ließ er Maik in die Pause gehen.

# 13

Eine ganze Woche hielt Maik seinen Entschluss durch. Eine ganze Woche lang war er pünktlich in der Maßnahme und versuchte auch, den Anforderungen gerecht zu werden, auch wenn er noch immer keinen echten Sinn dahinter sah. An der Treppe bei seinen Kumpels hatte er sich auch ein Mal gezeigt, allerdings nur so lange, bis der erste mit blöden Sprüchen angefangen hatte. Da war Maik lieber gegangen.

Alex hatte das bemerkt, war aber keine große Hilfe. »Alles okay?«, hatte er gefragt, als Maik gerade gehen wollte. »Komm schon, sei kein Langweiler, du bist so ... so ...«

Da hatte Maik sich umgedreht und hatte Alex stehen lassen. Er fühlte sich generell nicht mehr so wohl in der Gruppe. Ja fast hatte er das Gefühl, sich zu verbiegen, nur damit er dazugehörte. Er musste zugeben, dass er sich in dieser Woche recht gut gefühlt hatte, auch ohne sie. Seine Mutter und Big Ben behandelten ihn anders, erwachsener und überhäuften ihn nicht mehr ständig mit Vorwürfen, er fühlte sich fast ein bisschen anerkannt.

Sogar mit Julia hatte er sich getroffen. Zwar nur kurz, aber sie hatte ein Lächeln für ihn gehabt und sogar einen Kuss. Vielleicht wurde doch noch mehr aus dieser Sache. Und allein dieser Gedanke reichte für Maik schon aus, um sich besser zu fühlen und sich weiterhin anzustrengen.

Das endete abrupt am Morgen nach dem nächsten AGT, bereits dem vierten Treffen, das Maik am Abend fast beschwingt verlassen hatte. Verschlafen tappte er wie immer in die Küche. »Hast du mir nichts zu erzählen?« Dieses Mal brachte die Mutter keinen Kaffee an den Tisch. Sie stand mit dem Rücken zur Küchentür, als Maik eintrat. Sie klang mürrisch und Maik vermutete, dass sie schlecht geschlafen hatte. Er freute sich über ihre Frage, denn er ging davon aus, dass sie etwas über das AGT von gestern Abend erfahren wollte.

»Das war der Hammer«, berichtete er aufgekratzt. »Herr Katzner und Herr Maus hatten uns provoziert. Vor versammelter Mannschaft haben die uns Dinge an den Kopf geworfen, das will ich hier gar nicht wiederholen. Herr Katzner ist drohend auf mich zugekommen. Er hatte mich richtig beleidigt. Ich bin trotzdem ruhig geblieben. Nach außen zumindest. Innerlich hab ich gekocht. Wenn mir sonst jemand so was gesagt hätte, dann wär ich ausgerastet. Egal ob Trainer oder nicht. Aber ich hatte mich im Griff. Das fühlte sich echt gut an. Die anderen hatten mich nachher sogar gelobt und ...«

Sie drehte sich um. Ihre Augen waren rot von einer Nacht voller Tränen. Sie sah Maik mit einem Blick an, der ihm das Blut gefrieren ließ. »Schön für dich«, sagte sie in einem Ton, der Maik sofort klarmachte, dass sie gewiss nicht über das AGT hatte reden wollen. »Gibt es sonst noch etwas, das du mir sagen möchtest?«

Maik forschte in seiner Erinnerung nach. »Sonst noch etwas? Hm ... Nein. Ich wüsste nicht, was.«

»Ich hab gestern mal wieder mit deinem Großvater telefoniert.«

Jetzt wurde Maik schlagartig klar, was hier schieflief. Shit! Das hatte er völlig ausgeblendet.

»Er erzählte mir von den fünfzig Euro, die du vor fast

zwei Wochen bei ihm verdient hast und mit denen du ein paar Schulden bei mir abbezahlen wolltest.«

Maik wurde es heiß und kalt. »Ach so, das, ja klar, ich wollte ja ...«

»Ich dachte, du hättest die Spielkonsole ausgeliehen. Bei Alex vielleicht oder bei Paul. Ich hatte dich auch danach gefragt, aber du hast ja kaum was mitbekommen. Na, und gestern telefonierte ich mit meinem Vater. Und ...«

Maik war es, als schwanke der Boden unter seinen Füßen. »Hör zu, ich wollte dir das Geld geben, aber die Box war eine einmalige Chance. An so was kommt man normalerweise gar nicht dran. Das war ein Glücksfall, dass Paul ...«

»Für mich nicht«, sagte sie kraftlos. »Für mich hätte das Glück darin bestanden zu sehen, dass du es endlich ernst meinst und dich änderst. Für mich wäre es ein Glück gewesen zu sehen, dass sich das alles lohnt: meine zwei Arbeitsstellen, die ganze Plackerei, um uns beide durchzubringen, dein AGT. Ich wäre glücklich zu wissen, dass alles andere ein Ende hätte. Das Schämen für den eigenen Sohn. Die durchheulten Nächte. Die Angst um dich. Die Angst davor, die Polizei wieder im Haus zu haben. Dass du ganz abrutschst, obwohl ich alles für dich mache und ...« Sie schnäuzte sich. »Für mich wäre es ein Glücksmoment gewesen, wenn du mir gezeigt hättest, dass du ehrlich werden willst. Und dass es endlich aufhört. Alles das, wofür ich mich in den letzten Jahren so schämen musste.«

Sie verstummte. Die Tränen flossen ihr über das Gesicht.

Maik saß ihr fassungslos gegenüber. Scham? Angst? Wieso hatte das etwas mit dem Geld zu tun? Er wusste nicht ... Er wollte ...

Wortlos stand er auf und ging aus der Küche.

»Hey!«

»Auch: hey!« Maik freute sich, Andy zu sehen. Er rutschte im Bus zur Seite und machte Andy Platz.

Der fing sofort an zu plaudern: »Wie lange geht das denn schon so?«

Maik schüttelte verständnislos den Kopf. »Was geht wie lange schon warum?«

»Na, guck dich doch mal an. Ich schätze, das müsste jetzt fast zwei Wochen her sein, dass du ...«

Maik sah an sich runter. »Ach, das meinst du.«

»Seit dem Anpfiff von Schubert, oder?«

»Nicht ganz. Kurz darauf war doch das Treffen mit den vielen Fragen im AGT. Da hab ich beschlossen, was zu ändern. An mir. Pünktlich sein. Einigermaßen frische Klamotten und so.«

Andy rümpfte anerkennend die Nase. »Scheint zu funktionieren. Unsere »Berufsförder-schlaf-dich-aus« hast du kein einziges Mal mehr geschwänzt, oder?«

»Schlimmer noch: Ich mach sogar das, was man mir sagt.«

Andy kicherte. »Du siehst jetzt aber nicht plötzlich einen Sinn in dem ganzen Mist, oder?«

Nun lachte Maik auch. Er und Andy schienen den gleichen Humor zu haben. »Ne. Keine Angst. Eine Gehirnwäsche hat es nicht gegeben. Ich will's nur mal auf diese Art versuchen.«

»Letzte Woche, im AGT, hast du die Beschimpfungen von Katzner auch gut durchgestanden. Respekt. War nicht leicht, was?«

»War selbst überrascht«, musste Maik zugeben. »Trainer oder nicht, früher hatte der eine reinbekommen!«

»Und ich hätte ihn dir festgehalten«, gab Andy zurück.

Und erneut mussten sie lachen. Maik ahnte allerdings, dass die beiden mehr Gemeinsamkeiten hatten als nur den gleichen Humor. Daher wurde er ernst: »Bisher hast du mir noch gar nicht gesagt, warum du im AGT bist.«

»Ich glaube, wir hängen hier wegen derselben Sachen rum. Wir sollten es dabei belassen. Was hab ich davon, wenn ich dir meinen Scheiß erzähle? Oder mir deinen Mist anhöre? Letztendlich ist doch wichtig, was wir draus machen, oder? Die Lynch hat uns auf diese Reise hier geschickt und jetzt müssen wir schauen, ob wir davon profitieren oder nicht.«

Ein Satz mit jeder Menge »Wir«, dachte Maik. Doch das, was Andy von sich gab, klang logisch und nachvollziehbar. Deshalb gefiel Maik dieses »Wir«, das aus ihm und Andy bestand. Und deshalb willigte er auch ein: »Geht klar.«

An der Haltestelle stiegen sie aus, mittlerweile eine Routine, mit Blick auf die Schillerschule und auf Tobias, Messut und Robert.

»Ich bin, glaube ich, mal dran mit einer Runde«, meinte Maik, als er sich mit Andy zu den anderen gesellte. Er zog eine Packung Zigaretten aus der Tasche und ließ sie herumgehen. »Von neulich, als ich oben geblieben bin. Da habt ihr Andy ausgeholfen und ich hatte versprochen, eine Runde zu geben.«

»Respekt, Alter«, sagte Messut. »Das ist eine Ehrensache. Also her damit!« Er nahm sich grinsend gleich zwei.

Auch Robert angelte sich eine hervor, steckte sie aber hinter das Ohr. »Später. Für die Pause«, erklärte er knapp.

Als die Reihe an Tobias kam, nahm er das Päckchen zwar in die Hand, doch er griff nicht hinein. »Ach, ich weiß nicht«, sagte er grübelnd. »Langsam verlier ich den Spaß an den Dingern, glaub ich.«

Andy schaute überrascht zu Maik. »Ob die doch Gehirnwäsche mit uns machen?«, fragte er grinsend.

Maik hatte keine Gelegenheit zu antworten, denn Messut meldete sich lautstark: »Na, wenn Tobias die Kippe nicht will, dann nehme ich seine.« Damit zog er die dritte Zigarette aus der Packung und steckte sie in seine Jackentasche.

Oben, in der Klasse, hatte Maik das Gefühl, dass er nicht der Einzige war, mit dem eine Veränderung vor sich ging. Es war offensichtlich, dass Tobias seit einiger Zeit ebenfalls mit gepflegteren Klamotten auftauchte. Und dass Martin aufrechter in seinem Stuhl saß. Auch Andy wirkte gelöster. Das hatten seine Scherze vorhin auch schon gezeigt.

Und schließlich fiel Maik auf, dass Robert seine fürchterlichen Sprüche von früher abgestellt hatte. Er biederte sich auch nicht mehr so an. Ja, abgesehen von den teuren Klamotten, hatte Maik immer weniger an ihm auszusetzen. Was nicht bedeutete, dass er ihn mochte. Doch Maik fand ihn nicht mehr so abstoßend.

Bloß einer schied aus dieser Reihe aus: Artur. Er saß, wie bisher an jedem Abend, vornübergebeugt auf seinem Platz und hatte diesen starren, leblosen Blick. Maik vermutete, dass er Artur noch nie clean erlebt hatte. Artur schien pausenlos unter Drogen zu stehen.

»Dann erzählt doch mal, wie es euch ergangen ist in der letzten Zeit«, bat Thomas Maus, nachdem sie sich begrüßt hatten. Maik überlegte, ob er es wagen sollte, von dem Geld zu erzählen, das er eigentlich seiner Mutter hatte geben wollen, und von der Spielkonsole, die ihm einen wahren Absturz beschert hatte.

Doch Robert kam ihm zuvor: »Alles chillig!«

»So? Berichte doch mal«, ermunterte ihn Katzner.

»Auf der Arbeit nichts Besonderes. Im Gegenteil. Ich bin dort beliebt und mit den Kunden klappt es auch super.«

»Dir macht die Arbeit als Verkäufer in dem Modeladen immer noch Spaß?«, fragte Maus.

»Klar. Schaut mich an. Das ist voll meine Welt.«

Katzner nickte. »Und deine Sozialstunden, die man dir aufgebrummt hat?«

»Fast abgeleistet«, sagte Robert und fügte erklärend hinzu. »Ich hab mein Urteil erst kurz vor dem AGT erhalten. Da konnte ich nicht so früh starten wie ihr. Aber ich bin fast durch.«

»Dann hab ich nur noch eine Frage«, antwortete Maus. »Hast du dich im Griff? Keine Schlägereien mehr?«

Robert breitete die Hände aus. »Alles chillig«, wiederholte er. »Ihr könnt mich nach diesem fünften Trainingstermin als geheilt entlassen«, ulkte er und schaute Beifall heischend in die Runde.

Messut begann zu klatschen. »Hey, klingt doch super! Dann hast du es doch geschafft, was?«

Robert setzte zu einer Antwort an, doch Katzner hob warnend die Hände: »Na, ich würde nicht zu früh applaudieren.«

Robert erstarrte. »Wie meinen Sie das denn?«

»Seit einigen Wochen erzählst du uns, wie gut es in eurem Laden läuft, richtig?«

»Richtig.«

»Dass dort vielleicht sogar eine Ausbildungsstelle auf dich wartet, wenn es weiterhin so gut läuft. Richtig?«

Robert rutschte unruhig auf seinem Platz hin und her. »Richtig.«

»Und deine Sozialstunden sind auch fast abgeleistet. Richtig?«

»Hab ich doch vorhin gesagt.«

Katzner nickte. »Nicht nur vorhin. Das erzählst du schon seit ein paar Wochen.«

»Richtig?«, warf Maus ein.

»Ja. Schon. Wieso ...«

Robert stieg das Blut in den Kopf und allen anderen wurde klar, dass hier gehörig etwas aus der Spur geriet.

Maus blickte in die Runde. »Und ihr alle seid begeistert, wie Robert das alles im Griff hat, nicht wahr?«

Einige nickten. Messut sagte: »Na, ist doch auch klasse, was er alles geschafft hat.«

Katzner nickte erneut: »Heute haben wir einen Gast. Vor der Zimmertür wartet jemand, dem es ein Anliegen ist, euch zu sprechen.«

Robert schaute auf. »Ein Gast?«

»Du müsstest ihn kennen. Er hat uns gebeten, vorbeikommen zu dürfen. Und wir beide dachten, Besuch ist eigentlich immer nett.«

Tobias zappelte mit den Beinen. »Nun machen Sie es doch nicht so spannend. Wer steht denn da draußen?«

Maus erhob sich von seinem Stuhl und ging zur Tür. »Sind alle einverstanden, dass ich ihn hereinbitte?«

»Klar!«

»Logisch, Mann!«

»Und los!«

Maus blickte zu Robert: »Bist du auch einverstanden?«

Robert zuckte mit den Schultern. »Warum nicht!«

Maus ergriff die Türklinke und öffnete. Ein Mann, den Maik auf knapp sechzig Jahre schätzte, trat mit einem höflichen »Guten Abend« herein. Er wirkte nett und schaute sich in der Runde um. Gleichzeitig spürte Maik, wie Robert erstarrte.

»Ach du Scheiße«, zischte er und augenblicklich verlor

er alle Farbe aus dem Gesicht. Maik hatte bisher noch niemanden gesehen, der so schnell so blass geworden war.

Alle Blicke waren nun auf Robert gerichtet.

»Was heißt ach du Scheiße?«, fragte Martin.

Robert blickte schweigend auf seine Füße.

»Darf ich unseren Besuch vorstellen?«, erkundigte sich Katzner. »Das ist Herr Schneider von der Stadtreinigung. Dem Ort also, an dem Robert seine Sozialstunden leistet.«

»Entschuldigung: leisten soll«, korrigierte Schneider. »Er war ja erst ein paar Stunden bei uns. Fünf, um genau zu sein.«

»Was?« Messut blickte von Robert zu Schneider und dann wieder zu Robert. »Fünf Stunden? Ich denke, er hat beinahe alle Stunden abgeleistet.«

»Hat er das behauptet?«, hakte Schneider vorsichtig nach.

»Nicht nur das«, antwortete Tobias. »Robert, sag doch mal was?«

Robert schaute noch immer nicht auf. »Das war gelogen«, kam es schließlich kaum hörbar.

»Wie gelogen?«, erkundigte sich Messut.

»Nicht nur das«, erklärte Katzner. »Was war gelogen, Robert? Die Arbeit? Die Sozialstunden? Alles?«

»Wie war das mit der Schlägerei«, ergänzte Maus und leise kam Roberts Antwort: »Auch das war eine Lüge.«

Messut schüttelte sich. »Robert, was heißt das?«

Robert blickte reglos auf den Boden. Das Gesicht verfärbte sich jetzt rot. Schweißflecken bildeten sich unter seinen Armen.

»Magst du uns dazu was sagen?«, fragte Katzner.

Robert schüttelte nur den Kopf. »Ist doch jetzt ohnehin egal. Sie können ruhig alles erzählen.«

Da klärte Katzner die anderen auf: »Man hat ihn rausgeschmissen aus dem Modeladen. Vor vier Wochen. Nach

Aussage der Filialleiterin hat er wiederholt in die Kasse gegriffen. Und ein paar der Klamotten, die er trägt, sind vermutlich geklaut.«

»Was?« Messut blickte fassungslos auf Robert. »Das glaub ich nicht.«

Katzner fuhr fort: »Ihr habt es von Herrn Schneider gehört: Von den achtzig Sozialstunden, die ihm Frau Tünsch aufgetragen hat, sind bisher fünf abgeleistet worden. Und das in den letzten drei Monaten seit dem Urteil. Was schließlich die Schlägereien betrifft: Wir wissen von drei Vorfällen in den letzten sechs Wochen.«

»Jetzt mach doch mal endlich das Maul auf, Robert!«, brüllte Messut fassungslos, während die anderen stumm vor Überraschung schwiegen.

Endlich hob Robert den Kopf. »Ja. Stimmt alles«, erklärte er mit unterdrückter Stimme. »Alles wahr, was Herr Katzner und die anderen sagen.«

Messut sank in sich zusammen. »Unglaublich! Seit wann wissen Sie das alles, Herr Katzner?«

»Seit mehreren Wochen.«

»Warum erfahren wir das alles erst jetzt?«

Thomas Maus wandte sich Messut zu. »Was bewegt dich gerade?«

»Das ist doch scheiße jetzt!«

»Was genau, Messut?«

»Diese ganzen Lügen. Seit Wochen sitzen wir hier und lassen uns von dem belügen.« Er zeigte auf Robert. »Und Sie? Sie sitzen einfach nur dabei.«

»Einen Moment bitte, Messut, wir klären das gleich.« Katzner wandte sich an Herrn Schneider und begleitete ihn zur Tür: »Vielen Dank, dass Sie extra vorbeigekommen sind. Das war wichtig für die Gruppe.«

»Was macht dich so sauer?«, hakte Maus nach, als Herr Schneider den Raum verlassen hatte.

»Weil ... weil wir uns doch vertrauen wollen. Wir haben doch Regeln hier. Unsere Regeln. Und ganz oben stehen Wertschätzung und Ehrlichkeit. Und das alles ist ... Ich finde ...«

Katzner rückte mit seinem Stuhl ein Stück vor. »Es ist nicht unsere Aufgabe, hier die Kontrolleure oder Wächter zu spielen«, sagte er. »Wir sind hier, um euch zu begleiten und zu beobachten. Wir haben jeden Abend gehofft, Robert würde endlich mit der Wahrheit rausrücken, doch wir mussten es akzeptieren, wie er sich verhält. Das war seine Entscheidung. Die konnten wir ihm nicht abnehmen. Er hat genug Gelegenheiten von uns und von euch bekommen, oder?«

»Doch inzwischen hat es eine Dimension erreicht, in der Roberts Lügengebäude das AGT selbst betrifft«, erläuterte Maus weiter. »Es kann nicht sein, dass ihr alle euer Bestes gebt und euch anstrengt, eure Auflagen zu erfüllen, während einer hier sitzt, der all das mit Füßen tritt. Wie seht ihr das? Gebt bitte eine Rückmeldung.«

Messut ließ den anderen keine Chance. Er schimpfte sofort los: »Das geht gar nicht! So können wir nicht miteinander arbeiten. Wenn wir nicht ehrlich zueinander sind, hat das alles hier keinen Sinn.« Er blickte in die Runde. »Stimmt doch, oder?« Die anderen Teilnehmer gaben ihm nickend recht. Dadurch angestachelt, wurde Messut noch lauter: »Und jetzt?«, fragte er fordernd. »Wie geht es jetzt weiter?«

»Rausschmeißen!«, brummte Martin.

»Finde ich auch«, sagte Maik. Er war regelrecht angewidert von Robert.

Katzner verzog grübelnd das Gesicht. »Habt ihr denn noch nie gelogen? Oder jemanden hintergangen?«

»Doch. Klar«, antwortete Maik. »Macht doch jeder mal.«

»Stimmt. Aber hast du schon mal jemanden belogen, der dir absolut vertraut? Oder getäuscht?«

Maik dachte nach. »Bestimmt.«

»Fällt dir spontan jemand ein?«

Da brauchte Maik nicht lange nachzudenken. »Meine Mutter«, gab er zu. »Neulich erst.«

»Nur neulich?«

»Ja ... Nein. Immer wieder mal.«

»Und was passierte?«

»Nichts. Ärger gab's. Und Tränen natürlich.«

»Weil das Vertrauensverhältnis gebrochen wurde«, antwortete Maus. »So wie hier. Durch Robert.«

»Das kann man doch nicht ... Also ...« Jetzt war es Maik, der stutzte. Die Reaktion seiner Mutter, neulich in der Küche, kam ihm in den Sinn. Und ihr Blick. Die bittere Enttäuschung, die darin lag. Eine Enttäuschung, wie sie wohl Maik gerade Robert gegenüber verspürte. Oder eher noch stärker. Denn hier war es ein AGT-Typ, der log. Bei Maik zu Hause war es der eigene Sohn.

Mit einem Mal sah Maik seine Mutter in einem anderen Licht. Geschämt hat sie sich, wie sie sagte. Enttäuscht war sie. Und ...

»Maik?« Katzner holte ihn aus den Grübeleien.

»Was? Ich ... Ja, ich hatte nur gerade nachgedacht ...«

»Und?«

Maik verzog das Gesicht und sagte kleinlaut: »Ich glaube, es gibt da jemanden, mit dem ich mal reden sollte.«

Katzner nickte nur, dann wandte er sich aber der Gruppe zu. »Wie sollen wir mit dem Verhalten von Robert umgehen?«

Es wurde lange geredet. Sogar heftig diskutiert. Argumente und Gegenargumente wurden ausgetauscht.

Doch Maik bekam von alledem nichts mehr mit. Er war zu sehr mit sich beschäftigt. Wie ein Damm, der gebrochen war, ließ seine Erinnerung plötzlich eine Flut an Bildern in ihm hochkommen, von denen ihm kein einziges gefiel. Er sah seine Mutter, wie sie immer wieder in der Schule saß, weil Maik sich geprügelt hatte oder den Lehrern gegenüber unverschämt gewesen war. Er sah sie beim Direktor sitzen, als Maik wiederholt die Unterschrift unter den Klassenarbeiten gefälscht hatte. Er hörte Schuberts Worte: »Deine Mutter hat mich gebeten, dir noch eine Chance zu geben.« Und seinen Großvater: »Du musst dich mehr um den Jungen kümmern. So geht das nicht.« Vor allem aber sah er immer wieder das Gesicht seiner Mutter, wenn sie ausbaden musste, was er versaut hatte. Wenn sie diese gebückte Haltung einnahm und in ihrem Blick Scham und Hoffnungslosigkeit standen.

Wie aus der Ferne bekam er mit, dass Robert sich entschuldigte. Dass er bis zum nächsten Mal vieles in Ordnung bringen wollte. Und dass er um Verzeihung und eine zweite Chance bat.

Doch Maik war noch immer in seine Gedanken verstrickt. Die Erinnerungen brannten in seiner Brust, so schmerzhaft waren sie plötzlich. Eine zweite Chance. Darum bettelte Robert gerade. Wie viele Chancen hatte seine Mutter ihm gegeben? Immer wieder. Ungefragt. Um dann erneut enttäuscht zu werden.

Er musste mit ihr reden.

Unbedingt.

# 14

Alles war anders als sonst. Maik steckte sein Handy weg, noch immer lächelnd, weil Julia ihm eine aufmunternde Nachricht geschickt hatte. Er musste ihr nachher sofort antworten. Die letzten sieben Wochen waren wie im Flug vergangen. Mit Julia lief alles super und er freute sich über die vielen kleinen Nachrichten, auch wenn sie sich mal nicht sehen konnten. Das AGT war mittlerweile zu einem fixen Ankerpunkt in seiner Woche geworden, jedes Mal tankte er genug Kraft für die neue Woche, um nicht auszurasten oder sich etwas vorzunehmen, was er durchhalten konnte.

Beinahe kam Maik sich heute vor, als betrete er den falschen Klassenraum. Andy war nicht im Bus gewesen, das war schon seltsam gewesen. Am Tor der Schillerschule hatte nur Tobias gestanden, der sich ebenfalls wunderte, wo Messut und Robert blieben. Und als die beiden das Klassenzimmer betraten, saß Martin mit seinem Stuhl bereits auf dem angestammten Platz, die Kapuze auf dem Kopf, das Skateboard in der Hand. Die restlichen Stühle standen mitten im Raum, die Tische boten ein einziges Chaos. Katzner und Maus im Gespräch. Sie standen am Fenster und beratschlagten sich flüsternd.

»Was ist denn hier los?«, fragte Maik und knuffte Martin in die Seite.

Der schaute auf. »Hä? Ach so, weiß nicht.«

»Wo sind die anderen?«

»Weiß nicht. Sag ich doch!«

Maik blickte ratlos auf Tobias und der blickte ratlos zurück. Wie auf ein Zeichen hin begannen beide, die Tische zur Seite zu schieben und die Stühle in den gewohnten Kreis zu stellen. Und wenn der Raum nun auch so aussah, wie Maik es gewohnt war, beschlich ihn ein ungutes Gefühl. Das alles gefiel ihm nicht. Es war die zwölfte Trainingssitzung und eigentlich sollte alles laufen wie immer, aber es fühlte sich falsch an.

Schweigend nahm er neben Tobias auf einem der Stühle Platz. Maiks Blick ging zur Uhr über der Tür. Zwei Minuten vor fünf.

Die Tür wurde geöffnet und Artur trat herein. Er wirkte noch eingefallener als sonst. In seiner Hand hielt er eine Plastiktüte. Sein Blick hetzte einmal durch den Raum, dann suchte er sich einen Platz neben Martin. Die Tüte stieß an das Skateboard.

Er hat noch nie etwas dabeigehabt, wunderte sich Maik. Und gleichzeitig fragte er sich, warum Martin das Skateboard nicht in die Ecke stellte wie sonst. Irgendwas stimmte nicht. Maiks Adrenalin schoss in die Höhe. Was war hier los? Wo war Andy?

Als wären seine Fragen erhört worden, öffnete sich erneut die Tür und Andy stürmte herein. Mit hochrotem Kopf und nach Atem ringend. »Sorry, hab den Bus verpasst«, hechelte er. »Bin gerannt. Den ganzen Weg.«

»Kein Problem«, rief Katzner aus der Ecke. »Du bist absolut pünktlich.« Dann wandte er sich schnell wieder Maus zu.

Andy atmete einmal tief durch, nickte Maik zur Begrüßung zu, dann runzelte er die Stirn. Auch ihm war sofort aufgefallen, dass etwas anders war als sonst.

»Ist was?«, fragte Andy, als er sich neben Maik auf den Stuhl fallen ließ.

»Würde ich auch gern wissen«, gab Maik knapp zurück. »Irgendwie ...« Sein Blick fiel erneut auf die Uhr. Es war jetzt exakt fünf. Aus der Ferne hörte man die Kirchturmuhr schlagen.

Katzner und Maus drehten sich synchron vom Fenster zu dem Stuhlkreis um und Maik dachte wieder einmal, dass die Namen Tom und Jerry einfach nicht passen wollten. Die beiden waren ganz anders als Katz und Maus. Sie waren beinahe wie siamesische Zwillinge. Perfekt aufeinander eingespielt. Ein echtes Team, von dem jederzeit einer den Satz des anderen zu Ende bringen konnte. Was sonst allerdings beruhigend war und ihm Vertrauen einflößte, war heute absolut verstörend. Gleich musste die Bombe platzen.

»Dann können wir ja anfangen«, sagte Katzner und setzte sich auf einen Stuhl.

»Pünktlich wie immer«, sagte Maus und suchte sich ebenfalls einen Platz. Er blickte in die Runde. »Guten Abend, zusammen. Schön, euch zu sehen. Alles gut? Gibt es etwas zu erzählen?«

Maik überlegte, ob sie wohl gerade verarscht wurden. Katzner und Maus mussten die Änderungen doch ebenfalls aufgefallen sein. Und dennoch machten sie weiter wie zuvor.

Maus blickte zu Tobias. »Was Neues?«

Tobias schien ebenso überrascht zu sein wie Maik. Er suchte nach einer Antwort. Maik konnte ihm ansehen, dass er überlegte, ob er was erzählen oder lieber fragen sollte, was eigentlich los war. Er entschied sich für die abwartende Taktik. »Ich rauche seit einer Woche nicht mehr«, sagte er.

Katzner und Maus klatschten in die Hände.

»Sehr gut«, lobte Maus. »Und fehlt's dir?«

»Ja!« Tobias grinste. »Morgens beim Aufstehen. Mittags nach dem Essen. Und abends, wenn ich Freunde treffe. Mir fehlen die Kippen.«

»Dennoch hörst du auf?«

»Verrückt, oder? Dauernd fehlt mir der Glimmstängel. Doch sobald ich eine Kippe in die Hand nehme, hab ich schon keine Lust mehr drauf.«

Maus nickte. »Der Kopf will noch, aber der Körper lehnt ab.«

»So kann man das wohl sehen.«

»Geht es dir denn besser?«

»Ja! Eindeutig. Ich bekomme besser Luft und – hey, das Essen schmeckt mir besser als sonst.«

Maus klatschte noch einmal. »Klingt gut, Tobias.«

Nun wandte sich Katzner an Maik: »Und? Bei dir?«

Maik war immer noch unsicher, ob hier ein Spiel gespielt wurde. Oder ob es eine dieser Übungen war. Eine kribbelige Unruhe machte sich in ihm breit. »Nix Besonderes«, antwortete er daher schnell.

»Und deine Mutter?«, erkundigte sich Katzner. »Was hat sie gesagt, als du mit ihr gesprochen hast?«

Maik verzog das Gesicht. »Ah, erwischt«, raunte er.

»Ist es noch nicht zu dem Gespräch gekommen?«

Maik kratzte sich den Kopf. »Ein paar Mal hatte ich es versucht. Bin in die Küche. Wollte was sagen. Doch dann wusste ich nicht ... also die richtigen Worte ... und ...«

»Auf einmal war die Woche rum?«

Maik zuckte mit den Schultern. »Klingt vielleicht doof, aber genauso war es. Ist mir nicht gelungen, da ...«

In diesem Moment fing Maus leise an zu singen: »Sorry seems to be the hardest word ...«

Maik lachte. Trotz der ungewöhnlichen Situation. »Elton John hilft da auch nicht weiter.«

»Oh«, meinte Maus. »Das ist kein Problem. Ich kann auch »Hard to say I'm sorry« singen, von der Band Chicago. Falls ihr diese Gruppe noch kennt. Sonst hätte ich natürlich auch »I'm Sorry« von Tommy Reeve drauf oder ...«

»Danke. Nicht nötig. Ich denk, ich hab's verstanden.«

»Verstanden?«

»Ja. Aufschieben bringt nichts. Davon wird es nicht besser.«

»Okay«, sagte Maus nur knapp, dann setzte er sein vielsagendes Grinsen auf und blickte weiter in die Runde. »Sonst was Neues?«

Maik spürte, wie Andy neben ihm immer nervöser wurde. Sein AGT-Freund ballte die Hände zu Fäusten, öffnete sie wieder, wischte sich den Schweiß an den Oberschenkeln ab und ballte sie erneut kurz zu Fäusten. Er schien dieses Spiel nicht mehr lange mitmachen zu wollen. Gerade wollte Maus etwas sagen, als es aus Andy herausschoss: »Wollen wir nicht mal über das reden, was hier los ist?«

»Was ist denn los?«, erwiderte Katzner.

»Wo sind Robert und Messut? Was ist in Arturs Tasche drin? Und warum sitzt Martin mit Kapuze und Skateboard da und ...«

»Oh – 'tschuldigung!« Martin zog rasch die Kapuze seiner Jacke vom Kopf und stellte das Skateboard zur Seite. »Ich hab mein Skateboard immer gern in den Händen, wenn ich nervös bin.«

Andy stöhnte auf. »Dann eben: Wo sind Messut und Robert und warum ist Martin nervös?«

»Und was hast du in der Tasche, Artur?«, wiederholte Tobias.

Katzner lachte. »So viele Fragen auf einmal. Da haben wir ja richtig was abzuarbeiten heute Abend. Doch zunächst mal: Wie kommt es, dass du so aufgebracht bist, Andy? Was ist los?«

»Weiß nicht. Ich sitze hier. Sehe, dass alles anders ist als die letzten Abende. Und dennoch machen Sie beide weiter wie sonst. Das ist merkwürdig.«

»Wie hat sich das denn angefühlt?«

»Ganz ehrlich: Ich wusste nicht, ob ich gerade verarscht werde.«

»Dann lass mich schnell aufklären: Ihr werdet nicht verarscht«, beruhigte Katzner die Gruppe. »Heute Abend ist tatsächlich einiges anders als sonst. Wir werden gleich alles auflösen. Zuvor, Andy, möchte ich von dir wissen, wie du sonst reagiert hast, wenn etwas merkwürdig war oder du dich verarscht gefühlt hast. Sagen wir mal, im Freundeskreis. Oder bei der Berufsförderungsmaßnahme.«

Andy brauchte nicht lange nachzudenken. »So was halte ich ganz schlecht aus. Dann gehen schon mal die Pferde mit mir durch.«

»Das heißt?«

»Normalerweise hätte ich irgendjemand am Kragen gepackt und ihn angebrüllt, was der Scheiß hier soll.«

Katzner sah zu Maus und fasste an sein Hemd. »Aber hier sind doch zwei Kragen.« Er korrigierte sich und zeigte in die Runde. »Nein, entschuldige, hier sind viel mehr Kragen. Du hattest die freie Auswahl. Wie kommt es, dass deine Pferde immer noch im Stall stehen? Man hat sie zwar schnaufen gehört, aber sie sind nicht durchgegangen.«

Jetzt musste Andy kurz nachdenken. »Weil ... Nun ... Hier ist das was anderes.«

»Was ist anders? Die Gefühle sind doch die gleichen.«

»Ja. Aber hier weiß ich, dass mir niemand etwas zuleide tun will.«

Katzner richtete sich in seinem Stuhl auf. »Ah, das finde ich wichtig. Du hast also erst überlegt ...

»... ob ich wohl verarscht werde, und kam zu dem Schluss, dass wir Regeln haben. Und da steht verarschen nicht drauf.«

»Also ...?«

»Also ... äh ...«

»... konntest du deine Pferdchen in dir zügeln. Du hast das einzig Richtige gemacht: Du hast gefragt.«

»Ja. Hab ich.«

»Du hast auf die legalste und vernünftigste Weise deinen Druck abgebaut: Du hast einfach ehrlich gefragt. Kompliment!« Nun wurde Katzner ernst und schaute in die Runde: »Also ich sag euch, was los ist. Beginnen wir bei Robert.«

»Ja!«, platzte es aus Andy heraus. »Was ist denn mit Robert? Wo ist er?«

»Robert hat ...«

In diesem Augenblick wurde die Tür aufgerissen. »Tut mir leid. Bin zu spät«, stieß Messut keuchend hervor. »Ich hab ... ich war ...«

»Komm erst mal herein«, bat Maus.

Messut trat in den Raum. »Ich hab mit Robert gesprochen. Gerade eben.«

»Das passt. Wir wollten auch gerade über Robert sprechen.«

»Er hat mir alles erzählt. Deshalb bin ich zu spät. Ich konnte ihn doch nicht einfach stehen lassen.« Er sah zur Uhr. »Neun Minuten zu spät. Heißt das jetzt ...?«

Katzner legte abwehrend beide Hände an die Brust. »Warum schaust du mich an? Es sind eure Regeln.«

Messut schaute ratsuchend zu den anderen. »Was haben wir noch mal für eine Konsequenz für Zuspätkommen ausgemacht?«

»Zehn Liegestütze pro Minute«, gab Andy prompt zur Antwort und grinste, denn ihm war klar, dass Messut das wusste und nur mit ihnen spielte.

»Aber ich hab doch eine gute Entschuldigung. Immerhin hab ich mit Robert gesprochen ...«

Andy winkte ab. »Gerade du hast darauf bestanden, dass es keine Ausnahmen gibt.«

Messut versuchte es auf die Mitleidstour. »Aber ... ihr wisst doch, ich bin nicht die ganz große Sportskanone und ...«

»Du hast ja vier Stunden Zeit. Du kannst das alles über den Abend verteilen. Jetzt zehn Stütze und nachher und ...«

Maik scharrte mit den Füßen. Dieses Hin und Her ging ihm auf die Nerven. Auch wenn er sich sonst über so etwas amüsieren konnte. Doch er wollte endlich wissen, was los war.

Messut ging widerstrebend in den Liegestütz. Unter höchster Anstrengung schaffte er sechs Stück.

In diesem Moment stand Tobias von seinem Platz auf. »Darf man eigentlich helfen?«

Andy überlegte. »Darüber haben wir nie gesprochen.«

»Dann beantrage ich jetzt, dass alle anderen die Strafe eines Teilnehmers mit übernehmen dürfen.«

Messut blickte ihn mit großen Augen vom Boden her an. »Heißt das, ihr macht Liegestütze für mich?«

Maik hielt das für eine ausgezeichnete Idee. Schon ließ er sich zu Boden gleiten. Ebenso wie Tobias, Andy und Martin. Artur tat, als bekomme er von alledem nichts mit. Vielleicht war es tatsächlich so.

»Dann mal los«, rief Tobias und wollte anzählen, als Katzner rief: »Nicht so schnell, bitte.«

Was dann geschah, jagte Maik eine Gänsehaut über den ganzen Körper, wie er sie nur selten verspürte: Katzner und Maus legten ihre Zettel und Akten zur Seite und gingen ebenfalls in den Liegestütz.

Jetzt kam Messut aus dem Staunen gar nicht mehr heraus. »Sie auch?«

»Sind wir eine Gruppe und füreinander da oder nicht?«, fragte Katzner nur und blickte Tobias auffordernd an. »Du wolltest doch das Startzeichen geben!«

Tobias zählte herunter: »Drei, zwei, eins, los.«

Jeder von ihnen stemmte zehn Liegestütze. Messut zählte mit. Und wenn Maik die Unterbrechung bis gerade eben noch genervt hatte, so merkte er jetzt, dass es guttat, den Druck abzubauen. Andy, Tobias und er stemmten noch fünf weitere Liegestütze, dann erhoben sich alle und setzten sich hin. Nur Messut blieb in ihrer Mitte stehen.

»Danke«, sagte er gerührt. »Das war echt klasse von euch. Und von Ihnen beiden!« Endlich nahm auch er Platz.

Katzner nahm den Faden wieder auf: »Also, von Robert wollte ich euch erzählen. Er kam in dieser Woche in unser Büro und hat aufgegeben.«

»Was?«

»Es sei ihm alles zu viel. Er habe keinen Bock mehr. Und auf diese allabendliche ›Laber-Scheiße‹ – wie er es ausdrückte – schon gar nicht mehr. Er pfeife auf uns alle und komme nicht mehr.«

Maik sah zu Messut. Der nickte. »So ähnlich hat er es mir vorhin auch gesagt. Nur krasser. Bitte lasst mich das nicht wiederholen.«

»Er ist raus?«, hakte Tobias nach. Und als Katzner nickte,

fragte er: »Nachdem er beinahe die Hälfte geschafft hat? Und jetzt? Was geschieht mit ihm?«

Maus übernahm die Erklärung: »Er hat sich so entschieden und das müssen wir akzeptieren. Er verstößt damit gegen seine Bewährungsauflage. Die Konsequenz habt ihr alle schwarz auf weiß.«

»Knast!«, flüsterte Andy und dieses Wort versetzte jedem der Anwesenden sichtbar einen Stich. Sogar Artur schaute erschrocken auf.

Maik spürte einen Knoten in seinem Magen. Mit einem Mal war ihm bewusst, wie ernst das alles war. Er dachte an die Richterin, Frau Tünsch. Er dachte daran, dass er für das, was er Bjarne auf der Wiese am Fluss angetan hatte, beinahe direkt in den Knast gegangen wäre. Dies hier war seine Chance, dem Gefängnis zu entgehen. Nie zuvor war ihm dies so bewusst wie jetzt, in diesem Moment.

»Scheiße«, brach es aus ihm heraus. Jetzt tat ihm Robert richtig leid. Zwar konnte er ihn nach wie vor nicht leiden, aber es ging Maik trotzdem nahe.

»Seine Entscheidung«, murmelte Messut nachdenklich.

»Das müssen wir wohl akzeptieren«, wiederholte Tobias lahm Katzners Worte.

In diesem Moment unterbrach sie eine ungewohnte Stimme in ihren Grübeleien. »Entschuldigt bitte!« Artur hatte sich von seinem Platz erhoben, die Plastiktasche in den Händen. »Ich denke, was ich zu sagen habe, passt genau an diese Stelle.«

Alle blickten zu ihm auf. Sie sahen, wie er in die Tasche griff, mehrere Schokoriegel herauszog und begann, sie an Katzner, Maus und die anderen zu verteilen. »Ich möchte mich auch verabschieden«, sagte er dabei und versuchte, nicht in die Gesichter der anderen zu sehen.

»Wieso du?«, fragte Martin.

»Ich hatte auch ein langes Gespräch mit Tom und Jer... mit Herrn Katzner und Herrn Maus, in dieser Woche.« Man merkte ihm an, dass es ihm nicht leichtfiel, vor allen zu sprechen. »Bestimmt habt ihr es längst bemerkt: Ich kann nicht ohne meinen Stoff. Ich brauche jeden Tag etwas, das ich mir einwerfe oder wegrauche. Doch im Gespräch mit den beiden Trainern ist mir klar geworden, dass es so nicht weitergehen kann. Ich krieg nichts mehr auf die Reihe. Schule nicht. Zuhause nicht. Und dieses AGT auch nicht. Ich versuche zwar immer, mitzumachen und zuzuhören, doch wenn ich zu Hause angekommen bin, dann weiß ich nicht einmal, worüber ihr eigentlich gesprochen habt.«

»Und was heißt das jetzt?« Messut nahm den Schokoriegel entgegen.

»Ich hab einen Test machen lassen. Hab ins Röhrchen gepinkelt. Die Werte sind erschreckend. Der Arzt sagte, ich richte mich zugrunde. Und das wird nicht mehr lange dauern.«

»Gehst du auch?«, fragte Tobias.

Artur nickte. »Scheiß Drogen. Ich hab mich entschlossen, einen Entzug zu machen. Sorry: Wieder einen Entzug zu machen. Dieses Mal stationär. Herr Katzner und Herr Maus haben mir dabei geholfen, einen Entgiftungsplatz in der Klinik zu bekommen. Ich habe diesmal echt vor, die Entgiftung durchzuziehen und dann eine Therapie dranzuhängen. Schöne Scheiße. Weg von meinem Zuhause. Von meinen Eltern. Meinen Freunden. Von ... Aber ...« Er wischte sich mit dem Ärmel seines Pullovers über das Gesicht. »Aber ich hab wenig Alternativen. Außer natürlich ...« Er setzte sich. Alle Augen waren auf ihn gerichtet. Keiner wagte, etwas zu sagen, und diese Stille schien unerträglich für Artur zu sein, deshalb fuhr er fort: »Ich werde im nächsten Jahr erneut das AGT machen. Ich finde, das ist eine super Sache. Ich hoffe, dass ihr fünf das zu Ende bringen könnt. Glaubt mir. Hätte die Sache gern mit euch gemeinsam ...« Wieder wischte er sich über das Gesicht. »Die Schokolade ist mein Abschieds... Herr Katzner und Herr Maus hatten die Idee, weil ich gedacht habe, ich lasse euch hängen. Mit meinem Schritt in die Therapie.« Noch einmal drückte er sich den Ärmel gegen die Augen, bevor er zu Katzner und Maus sah. »Kann ... kann ich gehen?«

»Deine Entscheidung«, war die Antwort. »Tu das, was jetzt am besten für dich ist.«

Artur fiel sichtlich ein Stein vom Herzen. »Sagt mir nicht Auf Wiedersehen«, bat er. »Lasst mich einfach gehen, ja? Vielleicht sehen wir uns ja mal bei ... wenn ...« Er erhob sich, packte seine Plastiktasche und eilte mit gesenktem Kopf aus dem Raum.

Was er zurückließ, waren ratlose Gesichter und eine Stille, die alles zu erdrücken schien.

Maik blickte zu der geschlossenen Tür. Sein erster Eindruck heute, beim Betreten des Raumes, hatte ihn nicht getäuscht.

Was hier abging, war für ihn nicht mehr zu begreifen. Die Gruppe hatte in den letzten Trainingseinheiten sehr gut zusammengearbeitet und die Ergebnisse der Sitzungen waren auch immer in den Alltag übertragbar gewesen. Und jetzt schien sich alles in Rauch aufzulösen. Doch warum, das konnte er nicht so genau sagen.

Er ließ noch einmal den Blick über die leeren Stühle schweifen und dachte: Wie scheiße läuft es nur bei einigen, dass sie scheinbar keine Chance haben, die Kurve zu bekommen. Fuck off! Maik fand mit seinem Blick zurück in die geschrumpfte Runde und staunte nicht schlecht, als Martin lautstark eröffnete: »Scheiße! Glaube, ich muss da auch noch was loswerden. Ich bin wohl der Nächste, der hier rausfliegt.«

»Boah, was ist denn jetzt?«, entfuhr es Tobias. »Was ist denn hier los?«

Martin stand auf und griff sich sein Skateboard. Nervös spielte er mit den Fingern daran herum: »Ich hab Bockmist gebaut.«

»Du?« Maik sah von Martin zu Katzner und Maus. Die beiden schienen auch das bereits zu wissen.

»Riesen-Bockmist sogar«, bestätigte Martin. »Es hat eine Schlägerei gegeben. Im ›Avalon‹. Am Wochenende.«

»Davon hab ich gehört«, erwiderte Andy. »Du warst auch dabei?«

»Mittendrin. Ich hab sogar angefangen.«

»Sch...!« Maik starrte auf Martin. Das Wort »Knast« schoss ihm noch einmal durch den Kopf.

Martin berichtete: »Ich war dort mit ein paar Kumpels und meiner Freundin. Wir hatten schon bisschen was getrunken: Irgendein Arschloch hat meine Freundin angemacht. Er hat ihr direkt an den Hintern gepackt und gefragt: ›Willst du mal 'nen richtigen Kerl ausprobieren oder stehst du auf Jammerlappen?‹ Ihr könnt euch denken, was da los war. Der Typ war noch nicht an uns vorbei, da hatte er schon meine Faust in der Fresse.«

»Und dann?«

»Bevor der reagieren konnte, hab ich ihm auch schon die nächste verpasst. Mitten ins Gesicht. Hab die Nase erwischt. Das Blut war plötzlich überall auf dem Kerl. War mir egal. Ich hab ihm gleich noch eine gegeben.« Auch jetzt war Martin anzusehen, dass die Wut noch in ihm kochte. »Er ging zu Boden und normalerweise hätte ich volle Lotte reingetreten. Wahrscheinlich auf den Kopf. Aber das konnte ich nicht. Irgendwie ... das ganze Blut ... und der Kerl, wie er vor mir auf dem Boden lag ...«

Vor Maiks Augen erschien plötzlich ein ganz eigenes Bild. Maik hatte zum ersten Mal zugeschlagen. Einmal nur. An einer schlecht beleuchteten Straßenecke. Auf dem Nachhauseweg des Verkäufers, der ihm so einen unendlich teuren Smartphonevertrag untergejubelt hatte, dass er heute noch die Schulden bei seiner Mutter abbezahlte. Nur ein Schlag. Ein einziger. Aber danach hatte der Kerl drei ganze Wochen mit einem Nasenverband hinter der Theke seines Handy-Shops stehen müssen.

Martin sprach weiter: »Er lag da so und ich hatte auch schon ausgeholt, doch dann hab ich meine Freundin gepackt und wir sind gegangen. Die Schlägerei in der Disco ging dann erst richtig los. Meine Kumpels haben die Leute von diesem Irren richtig fertiggemacht.« Nun sah er zu Katzner und Maus. »Damit hab ich meine Chance vertan, oder? Damit bin ich raus aus dem AGT. Ich hab jetzt keine Schokoriegel mit. Aber so wie Artur vorhin muss ich euch auch sagen, dass ...«

»Moment bitte«, unterbrach ihn Katzner. »Warte mal mit deiner Grabrede. Lass uns erst mal drüber sprechen, was passiert ist.«

»Hab ich doch gesagt: Ich hab Scheiße gebaut. Geprügelt. Gegen die Bewährung verstoßen. Und jetzt winkt mir auch der Knast.« Die letzten Worte kamen nur noch gebrochen aus ihm heraus.

»Wir wussten bereits von der Schlägerei«, bestätigte Maus. »Und wir wussten auch, dass du darin verwickelt warst. Also unterbrich mich, wenn ich etwas Falsches sage: Stimmt es denn, dass es keine Anzeige gab?«

»Das stimmt.«

»Und die Polizei hat dich auch nicht zu Hause aufgesucht?«

»Nein. Ich hatte damit gerechnet, aber da kam keiner. Mittlerweile weiß ich, dass der andere weder bei der Polizei war noch im Krankenhaus.«

»Weißt du, wie es ihm geht?«

»Ein Freund von mir meinte, dass seine Nase nicht wie gedacht gebrochen ist. Eigentlich fehlt ihm nichts. Außer etwas Hirn. Aber das war ja vorher schon so.«

Maus fasste nach: »Da ist eine Sache, die mir zu denken gibt.«

»Ja?« Martin war die Verunsicherung deutlich anzusehen.

»Was hat dich davon abgehalten, nach ihm zu treten? Du sagtest doch, normalerweise gehört das für dich dazu.«

»Tut es auch. Nur an diesem Abend nicht. Ich weiß auch nicht. Ich wollte nicht. Da war so etwas wie eine Sperre in mir.«

»Eine Sperre?«

»Ich versteh es ja selbst nicht. Hab mich auch gewundert.«

»Woran hast du denn in diesem Moment gedacht?«

»An nichts. Ich denke nicht, wenn ich draufschlage. Da schaltet sich in mir alles ab.«

Maus bohrte weiter nach: »Wenn du dir jetzt die ganze Szene noch einmal in Erinnerung rufst: Da liegt also der andere am Boden. Was hast du in diesem Moment gesehen oder gefühlt?«

Martin forschte in seiner Erinnerung. Alle sahen erwartungsvoll zu ihm hin. Und sie bemerkten, wie sich seine Augen plötzlich weiteten: »Jetzt weiß ich's wieder. Ich hatte tatsächlich etwas vor Augen: unseren Fragebogen.«

»Daran hast du gedacht?«

»Ja. Neulich, als wir hier das Ding ausgefüllt hatten, da hatte mich eine der Fragen total beschäftigt. Da stand ›Was weiß ich über meine Opfer?‹. Da hatte ich lange drüber gegrübelt. Das weiß ich noch.«

Katzner fischte aus der Akte die entsprechende Seite heraus. »Geschrieben hattest du: Ich weiß immer wenig über meine Opfer. Bis auf eines, das lange im Krankenhaus lag, wegen mir. Meistens tun mir die Opfer nachher leid.«

»Genau. Das war's. Daran hab ich gedacht, als der Kerl vor mir lag.«

Katzner legte die Akte zur Seite und stand von seinem Platz auf. »Lass uns da mal nachhaken, ja? Stell dich bitte in die Mitte des Zimmers.«

Martin stand auf und ging zwei Schritte vor.

Dann sah Katzner zu Maik.

»Und du steh bitte auch auf.«

Maik wunderte sich, aber er erhob sich und ging auf Martin zu.

»Jetzt stellt euch vor, ihr beiden geratet in der Disco aneinander.«

Spielerisch ballten Maik und Martin die Fäuste und taten so, als würden sie sich prügeln. Messut kicherte.

Maus durchquerte den Raum mit wenigen Schritten und zog aus einer schwarzen Tasche zwei dicke Bratzen hervor, Schlagpolster aus dem Kampfsport, mit Griffen aus Stoff an den Seiten. Damit ging er auf Maik und Martin zu.

»Martin, nimm mal bitte dieses Bratzen und leg dich auf den Boden, ja?«

Martin steckte die Hände in die Griffe, schaute sich zögernd um und legte sich mit dem Rücken auf den Boden.

»Maik, du stellst dir vor, dass dort dein Gegner liegt. Und du kannst treten. Auf diese Bratzen. Keine Sorge, du tust Martin damit nicht wirklich weh.«

Maik holte aus und trat dagegen. Martin zuckte zwar unter der Wucht des Aufpralls zusammen, doch er spürte nur wenig. Die Bratzen hatten die Wucht des Trittes abgefangen.

Maus beachtete Martin am Boden gar nicht, sondern konzentrierte sich völlig auf Maik: »Wie fühlst du dich gerade?«

»Überlegen«, gab Maik zur Antwort. »Stark.«

»Mächtig?«

»Ja.«

»Kennst du diese Situation?«

Maik sah Bjarne, wie er vor ihm gelegen hatte, damals, auf der Wiese, als er endlich mit ihm fertig war. Da hatte Bjarne nicht einmal mehr gestöhnt. »Ja, kenne ich.«

Nun erst wandte sich Maus dem am Boden liegenden Martin zu. »Und wie fühlst du dich?«

»Beschissen!«

»Was genau ist beschissen?«

»Ich hab gar keine Möglichkeit auszuweichen. Ich kann mich nicht verteidigen, nicht schützen und bin total ausgeliefert. Maik könnte mit mir machen, was er will.«

Maus nickte. »Du hast geschrieben, dass die Opfer dir hinterher manchmal leidtun. Kann es sein, dass es in dieser Disco dieses Mal anders war? Hat dir der Gegner vielleicht dort schon leidgetan, weil du seine Lage nachempfinden konntest?«

Martin dachte nach. Er wedelte hilflos mit den Bratzen,

mit denen er sich geschützt hatte, dann blickte er zu Maik auf. »Ja. Denke schon. Das könnte sein.«

»Und deshalb schmeißt dich heute Abend niemand aus dem AGT, Martin. Ganz im Gegenteil«, sagte Maus mit Nachdruck zu dem immer noch am Boden liegenden Martin. »Dass es zu der Schlägerei gekommen ist, das ist wirklich Mist gewesen. Und dass dich niemand angezeigt hat, das ist dein Glück. Aber wichtig ist mir Folgendes dabei: Du hast dein Verhalten geändert. Ist dir das bewusst? Du hast in der Disco, nach all dem, was wir hier besprochen und durchgeführt haben, in Gedanken die Rollen gewechselt. Und deshalb ist auch nicht mehr passiert als einige Tropfen Blut aus einer Nase. Normalerweise wäre das viel heftiger ausgegangen. Ist es aber nicht – eben weil du begonnen hast, dein Verhalten zu hinterfragen, und du dabei bist, dich zu ändern.« Maus lachte. »Dafür wirft dich hier niemand aus dem Laden. Im Gegenteil. Du bist auf einem sehr guten Weg. Wann solltest du beim nächsten Mal mit dem Nachdenken beginnen?«

Martin starrte Maus an. »Schon früher«, schoss es aus ihm heraus.

»Früher?«, hakte Maus nach. Er reichte Martin eine Hand und zog ihn auf die Beine. Martin nickte und hob eine Bratze in die Luft: »Weit vor dem ersten Schlag. Oder nein: Vielleicht schon, bevor ich in die Disco gehe.« Er löste die Hände aus den Bratzen und klammerte sich daran fest. »Aber jetzt mal ehrlich, ich bin schon platt, was hier passiert. Ich dachte, ich bekomme von Ihnen beiden den Anpfiff meines Lebens. Und jetzt loben Sie mich, weil ich was gelernt habe? Wie krass ist das denn?«

Maus grinste. »Tja, das Leben birgt doch immer wieder Überraschungen ...«

Katzner hatte einen Vorschlag: »Wir können ja mal die Situation ändern. Nur, um zu sehen, was passiert. Dieses Mal bleibt Martin stehen und du, Maik, legst dich bitte auf den Boden, nimm die Bratzen in die Hände und stell dir vor, Martin hat dich in der Schlägerei gerade zu Boden gebracht, ja?«

Martin reichte Maik erleichtert die Bratzen. Während Maik sich auf den Boden legte und mit den Bratzen schützte, fragte Maus: »Hast du schon mal am Boden gelegen?«

»Noch nie!«, gab Maik stolz zurück.

Er hielt die Bratzen rechts und links von sich und blickte auf Martin, der in diesem Moment bereits ausholte und Maik einen donnernden Tritt verpasste. Maik schlitterte ein Stück über den Boden, als Martin auch schon zum nächsten Tritt ausholte.

Von hinten rief Messut: »Darf ich auch?«

Maik wurde es plötzlich schlecht. Er hatte keinerlei Chance gegen Martin. Im Gegenteil. Hier, auf dem Boden, konnte er nicht reagieren. Er fühlte sich klein – hilflos und ohnmächtig.

Plötzlich wurde ihm schwindlig. So also hatte sich Bjarne damals gefühlt, als Maik ihm in voller Wut mehrfach einen Tritt verpasst hatte. So schutzlos war Bjarne ihm ausgeliefert gewesen. An diesem Abend, der Maik hierhergeführt hatte.

»Hör auf!«, rief er Martin zu, doch der hatte erneut ausgeholt und trat voller Energie gegen die Bratzen. Wieder wurde Maik über den Boden geschleudert. Wieder begleitet von dem Lachen der anderen, die nicht merkten, was in ihm vorging. Maik warf die Bratzen von sich und stand so schnell auf, wie er nur konnte, und brachte einen Sicherheitsabstand zwischen sich und Martin.

»Alles klar?«, erkundigte sich Maus. Er kam auf Maik zu und legte ihm eine Hand auf die Schulter. »Geht es dir gut?«

»Weiß nicht.«

»Wie war das gerade für dich?«

»Weiß nicht. Scheiße.«

»Sollen wir eine Pause machen?«

Erst jetzt bemerkte Maik, dass er am ganzen Körper zitterte. Das, was er gerade in wenigen Momenten in einer Übung erlebt hatte, war Bjarnes Realität gewesen. Damals. Am Fluss.

Und Maik hatte es nicht bei drei Tritten belassen. Laut der Anklage, die Frau Tünsch verlesen hatte, musste er minutenlang auf Bjarne eingetreten haben. Wieder und wieder. Während Maiks Körper mit Adrenalin vollgepumpt gewesen war, hatte Bjarne wohl nur aus einem einzigen Gefühl bestanden: Angst.

Maik versuchte, sich noch einmal vorzustellen, wie das gewesen sein musste. Zum ersten Mal wich er den Bildern nicht mehr länger aus. Wie war das für Bjarne. Am Boden. Er sah sich selbst. Seinen Fuß, der immer wieder auf Bjarne herabsauste.

Blind vor Wut. Blind für die Lage seines Gegenübers.

Ohne Vorwarnung rannte Maik aus dem Raum, rüber zu den Toiletten und übergab sich. Sein Körper bebte, er keuchte. Es brauchte einige Zeit, bis er sich wieder beruhigt hatte.

Vor der Toilettentür stand Andy, als er wieder herauskam.

»Hey. Alles wieder okay?«

Maik nickte. Es tat gut, Andy hier zu haben. »Geht schon.«

»Hab dich brüllen gehört.«

»Brüllen?«

Andy grinste. »Du weißt schon: Die Kloschüssel anbrüllen.«

Nun grinste auch Maik. »Ach das.«

»Bist du fit genug, um zu den anderen zu gehen?«

»Ja. Klar.«

Andy ging voraus. Beim Öffnen der Tür richteten sich alle Augen auf Maik. Messut hielt gerade die Bratzen schützend vor sich, stand aber schon wieder.

»Hey.«

»Na?«

»Wieder besser?«

Wieder nickte Maik. »Ja. Alles gut.« Er setzte sich auf seinen Platz, was auf die anderen wie eine Aufforderung wirkte, denn alle setzten sich auf ihre Stühle.

Katzner machte einen Vorschlag: »Ich möchte euch bitten, einen Opferbrief zu schreiben.«

»Opferbrief?«, fragte Messut. »Was soll das sein – Opferbrief?«

»Schreibt denjenigen, die ihr angegriffen habt, einen Brief. Versucht, euch in deren Lage zu versetzen, in der sie am Tag des Übergriffs gewesen waren. So ähnlich, wie wir das eben hier gemacht haben. Schreibt einen Brief und erklärt zum Beispiel, was in euch vorgeht und wie ihr diese Tat inzwischen einschätzt.«

»Das kann ich nicht«, sagte Messut sofort.

Und auch Maik war sicher, dass er Bjarne niemals schreiben würde.

»Ob ihr diesen Brief abschickt, das ist allein eure Entscheidung«, erklärte Katzner weiter. »Wichtig ist nur, dass ihr euch noch einmal eurer Tat bewusst werdet und in die Lage des Opfers hineindenkt. Schriftlich geht das am allerbesten. Danach kannst du den Brief in die Schublade legen, zerreißen, aufessen oder vielleicht sogar abschicken.«

Andy wiegelte ab: »Ich hab ja nicht mal die Adresse.«

»Kein Problem«, antwortete Maus. »Steckt den Brief in einen Umschlag, wenn ihr wollt, und gebt ihn uns. Wir werden ihn adressieren und für euch abschicken.«

Maik saß auf seinem Platz und hörte sich alles geduldig an. Und je länger er zuhörte, desto klarer wurde ihm, dass er Bjarne niemals würde schreiben können.

# 15

Doch in den kommenden Tagen wurde Maik diesen Gedanken nicht mehr los. Wieder und wieder kamen die
Geschehnisse dieser Nacht in ihm hoch. Diese Nacht, die
ihm die bisher härteste Strafe eingebracht hatte. Für die er
beinahe in den Knast hatte gehen müssen. Julia hatte ihn
gefragt, was los sei, doch er hatte nicht den Mut gefunden,
ihr alles zu erzählen. Noch nicht. Nicht solange er selbst
nicht wusste, was er mit dieser Erinnerung anfangen sollte.
Nicht solange er ihr nicht etwas Positives berichten konnte.
Julia hatte sich in den letzten Wochen sehr zufrieden und
geduldig gezeigt, aber sie hatte auch unmissverständlich
klargemacht, was sie von ihm erwartete.

Und schließlich war er selbst überrascht, dass er sich zu
Hause an den Schreibtisch setzte und ein Papier zur Hand
nahm, um Bjarne einen Opferbrief zu schreiben. Einen, den
er mit Sicherheit nicht verschicken würde. Aber einen, der
ihm noch einmal helfen sollte, seine Gedanken und Erinnerungen zu ordnen.

Schon als Maik damals die Tür aufschloss, hörte er die
aufgebrachte Stimme seines Großvaters. »Das habe ich dir
schon immer gesagt. Du hast dein Leben nicht im Griff!«
Der Großvater brüllte beinahe. »Hast dir dieses Kind andre-
hen lassen. Mitten in deiner Ausbildung. Hast dich dann
nie richtig um den Jungen gekümmert und wunderst dich
jetzt, dass er vor die Hunde geht.«

»Ich hab mich um den Jungen gekümmert!«, widersprach die Mutter. »Du weißt ja gar nicht, wie oft ich schon in der Schule gesessen habe, um mit den Lehrern zu reden. Aber die haben Maik schon längst abgeschrieben. Für die ist er doch nur ...« Sie verstummte. Und es war genau dieser Moment, der Maik tief ins Herz schnitt.

Doch der Großvater gönnte ihr keine Ruhe: »Wundert dich das? Hm? Der sitzt seine Zeit in der Schule nur ab. Dann dreht er dauernd irgendwelche Dinger und rasselt mit der Polizei aneinander. Er hat sich nicht im Griff. Und du? Du sitzt hier und rauchst.«

Nun hörte Maik seine Mutter schluchzen. »Ich versuch doch schon alles«, sagte sie leise. »Hab zwei Stellen, um uns über die Runden zu bringen. Und wenn ich dich doch mal um Geld bitte, bekomme ich immer nur Vorwürfe ...«

Maik hörte, wie eine Faust auf den Tisch donnerte. »Das reicht mir jetzt.« Nun brüllte der Großvater richtig los. »Dein Leben ist versaut. Und das des Jungen hast du gleich mit versaut. Wach endlich auf! Oder willst du, dass der Rest eures Lebens sich ebenfalls in Rauch auflöst wie der Qualm deiner Zigarette? Ich weiß nicht, ob es nicht schon zu spät ist. Maik ist ein Verlierer. Ein Versager. Und ich frage mich ...« Er trat unerwartet in den Hausflur und erstarrte, als sein Blick auf Maik fiel. »Maik? Hör mal ... Seit wann stehst du denn schon ...«

Maik sah in das wutverzerrte Gesicht seines Großvaters, dann drehte er sich um und rannte die Treppen hinunter und raus aus dem Haus.

Versager. Verlierer. Versaut. Und wieder: Versager. Verlierer. Versaut. Bei jedem Schritt, den Maik auf dem Asphalt lief, erklangen in seinem Kopf diese Worte: Versager.

Verlierer. Versaut. Wie ein Rhythmus zu seinen Schritten. Versager. Verlierer. Versaut.

Wie konnte der Großvater so mit seiner Tochter reden? Wie konnte er sich überhaupt ein Urteil über Maik und seine Mutter erlauben?

Versager. Verlierer. Versaut.

Seine Schritte verlangsamten sich. Doch in seinem Inneren raste es beständig weiter. Zu gern hätte er dem Großvater ... ach, scheiß drauf, dachte Maik. Bringt ja doch alles nichts.

Die Leuchtreklame des Kiosks an der nächsten Ecke stach ihm ins Auge. Er brauchte jetzt etwas, das ihn beruhigte. Die kleine Klingel an der Tür schellte und ein Mann tauchte hinter der Theke auf. »Ja?«

Maik sah sich um. Doch die wenigen Münzen, die er in seiner Hosentasche hatte, würden keinesfalls ausreichen.

»Haben Sie noch die Tageszeitung von gestern?«

Der Verkäufer wunderte sich. »Von gestern?«

»Ja. Ein Kumpel von mir ist da wohl drin. In einem Bericht. Hat einen Skateboard-Wettbewerb gewonnen. Und ich wollte mal nachlesen, was sie über ihn geschrieben haben.«

»Die Zeitungen wurden abgeholt«, grübelte der Verkäufer, dann allerdings lachte er auf: »Aber mein eigenes Exemplar, das müsste ich noch haben. Könnte ein Kaffeefleck drauf sein.«

»Das stört mich nicht«, gab Maik zur Antwort und sah dem Mann lauernd nach, wie er durch die Regale verschwand. Dann ging es blitzschnell: Maik griff nach der nächstbesten Flasche Whiskey, die im Regal vorn stand, klemmte sie in seinem Rücken zwischen Gürtel und Hose fest und rannte aus dem Laden.

Von wegen Verlierer. Versager. Er hatte es doch drauf! Er lachte laut auf.

Knapp zwanzig Minuten später hatte Maik bereits die Hälfte des Inhalts getrunken. Er saß auf einem Bootsanleger, direkt an den Flussanlagen. Die Beine überkreuzt, die Flasche fest in beiden Händen. Seine Gedanken galten noch immer dem Gespräch, das er belauscht hatte, und er wurde erst ruhiger, als er einen Entschluss fasste: »Großvater kommt in die Schublade mit dem großen ›B‹ drauf«, murmelte er leise vor sich hin. »Zu all den anderen Besserwissern: Lehrer, Jobcenter-Mitarbeiter, Polizisten und nun – tätärätäää: ein Neuzugang!« Maik prostete der Luft zu, zog noch einmal einen großen Schluck aus der Flasche und proletete über das Wasser: »Heißen Sie ihn willkommen in Ihrer B-Mitte: Big Ben. Großvater und Phrasendrescher. Der Mann, der das Weltall erschaffen hat und daher alles besser weiß.«

Jemand lachte. Maik drehte sich um, sah nach, ob ihn jemand belauscht hatte, doch das Lachen hatte nicht ihm gegolten. Einige Schritte von ihm entfernt saß eine Gruppe Jugendlicher. Maik schaute genauer hin. Drei Jungs, drei Mädchen, die auf einer ausgebreiteten Picknick-Decke saßen und sich gegenseitig Dinge auf ihren Handys zeigten, Fotos wahrscheinlich. Neben der Decke standen ein geflochtener Korb und eine Kühlbox, in der die Jugendlichen sicher ihre Mixgetränke kalt hielten.

Maik musste grinsen. Kids von superreichen Eltern, die sich selbst für die Besten und Schönsten dieser Welt hielten.

»Absolut lächerlich«, brummte Maik vor sich hin, als ihn ein erneutes Lachen aufschreckte. Dieses Lachen hätte Maik unter Tausenden wiedererkannt. Und tatsächlich: Mitten unter ihnen entdeckte er Bjarne. Er hielt eines der Mädchen im Arm, flüsterte ihr etwas ins Ohr und dann ließ er es wieder erschallen, dieses Lachen, das Maik einen Schauer über den Rücken jagte. Dieses Lachen, das Maik durch zwei ganze Schuljahre begleitet hatte. Dieses Lachen, das nun Erinnerungen wachrüttelte, an Spott auf dem Schulhof und Bloßstellungen in der Klasse. Und mit einem Mal hörte Maik wieder Bjarnes Stimme von einst: »Loser!«

Fast mechanisch nahm er einen kräftigen Schluck aus der Flasche. Ausgerechnet! Ausgerechnet hier musste Bjarne mit seinen Katalog-Freunden auftauchen. Die Stadt war so groß. Ausgerechnet hier mussten sie ihr Yuppie-Picknick abhalten. In ihren schicken Klamotten, mit ihren Föhnfrisuren, den teuren Smartphones und dem affigen Körbchen.

Als Bjarnes Lachen zum dritten Mal zu hören war, hielt Maik es nicht mehr aus. »Könnt ihr nicht mal die Fresse halten?«, schrie er.

Die Gruppe verstummte kurz. Alle sechs sahen zu Maik rüber, dann lachte eines der Mädchen besonders laut und die Übrigen stimmten mit ein.

Maiks Stimmung wurde noch düsterer. Jetzt lachen sie auch noch über mich.

»Schnauze!«, brüllte er. Als Reaktion erntete er wieder nur Gelächter. Und da hielt es Maik nicht mehr aus. Er rappelte sich auf und ging zu der Gruppe rüber. »Verpisst euch, ihr nervt!«

Die Gespräche verstummten. Alle Augen waren auf Maik gerichtet. Einer der Jungs stand auf. Es war nicht Bjarne. Maik kannte ihn nicht. »Hey, lass uns einfach in Ruhe, ja?«

»Frech werden, oder was? 'ne dicke Lippe riskieren! Ich habe gesagt, ihr sollt euch verpissen!« Da erhob sich Bjarne.

»Kenne ich dich nicht?«, fragte er und sah sich Maik genauer an. Er trat einen Schritt vor. »Waren wir nicht … Doch! Wir sind doch zur selben Schule gegangen, oder? Bist du Maik?«

Maik sah Bjarne an. Das fehlte ihm gerade noch, dass der ihn erkannte und dann auch noch auf die Schule ansprach.

»Und?«, fragte er schnarrend zurück. »Hast du ein Problem damit?« Er fühlte sich unwohl in Bjarnes Nähe.

»Du bist ja voll!«, stellte Bjarne fest.

»Ich bin einfach nur gut drauf im Gegensatz zu dir, du Arsch. Du hast noch immer die gleiche Hackfresse wie damals.«

Nun standen auch die Mädchen von ihren Plätzen auf. »Hör zu, wir wollen keinen Ärger«, sagte eines von ihnen. »Lass uns einfach in Frieden.«

»Damit ihr hier weiter mit General Hackfresse rummachen könnt?«

Bjarne schüttelte den Kopf. »Geh jetzt, Maik. Das hat doch keinen Sinn.«

»Eure Party hier macht keinen Sinn. Verpisst euch endlich!«

Bjarne seufzte. »Nichts gelernt in all den Jahren, was?«, fragte er. »Du bist immer noch so stur wie früher. Hör zu: Wir wollen hier in Ruhe sitzen. Wir wollen uns unterhalten. Und vor allem wollen wir keinen Ärger. Geh! Niemand will dich hier dabeihaben. Hau einfach ab, klar? Keiner von uns hat Lust auf das Gelaber von einem Loser!«

Da war es wieder. Maik zuckte zusammen. Dieses Wort, das ihn schon immer verfolgt hatte.

»Ich bin kein Loser!«, zischte er fast automatisch und ballte die Fäuste.

»Du verhältst dich aber wie einer«, gab Bjarne zurück. »Hast du keine Freunde? Wir möchten unsere Ruhe haben.«

Diese Stimme. In Maik kochte es. Die längst verdrängten Gefühle aus seiner Schulzeit kamen wieder hoch. Und auch Bilder. Bilder, die er längst verdrängt hatte. Bjarne, der sich vor Maik aufbaute und ihn vor der ganzen Klasse bloßstellte. Die ständigen Erniedrigungen. Seine Arroganz. Die Einträge in der Schulakte. Und ... ja, auch die Bilder von Bjarnes Zuhause. Von dem Reichtum der Familie, auf den Maik stets neidisch gewesen war.

Und da entlud sich sein Zorn: »Du blödes Stück Scheiße! Wenn du nur wüsstest. Wenn ...«

»Es reicht! Hau ab.« Bjarne drehte sich um. »Wir haben keinen Bock auf dein Versager-Gelalle, du versoffener Loser!«

Es war, als drehe man einen Schalter um. Versager. Loser. Das waren Knöpfe, die gedrückt wurden. Knöpfe, die Maiks Verstand aus- und die Wut auf diese Welt einschalteten. Vor Maik stand nicht mehr Bjarne. Vor ihm standen alle diejenigen, die ihn noch nie verstanden hatten.

Diejenigen, die über ihn gelästert und sich mit Häme und Spott nicht hatten zurückhalten können. Diejenigen, die schon immer so taten, als seien sie was Besseres als er.

Wie im Reflex hechtete Maik vor und warf sich auf Bjarne. Er brachte ihn zu Boden. Er wollte ihn in die Erde rammen. Seine Fresse endlich zum Schweigen bringen. Er wollte alle zum Schweigen bringen. Alle, die verantwortlich waren für das, was in Maiks Leben schieflief. Angefangen bei Bjarne.

Die Mädchen kreischten. Doch Maik nahm das lediglich wie aus weiter Ferne wahr.

Die beiden Jungs zerrten ihn von Bjarne herunter. Sie wollten ihn wegstoßen. Doch Maik ließ sich nicht stoßen. Diesmal nicht. Zu oft schon war er gestoßen worden. Zu oft schon hatte man ihn davongejagt. Heute nicht. Hier und jetzt konnte er es ihnen endlich heimzahlen. Alle Qualen, die er hatte leiden müssen, konnte er sie spüren lassen.

Wie ein Panzer in einem seiner Videospiele ging er auf den Jungen los, der rechts von ihm stand. Beide Fäuste stieß er ihm in den Magen und setzte mit dem Knie nach. Und während der andere aufschrie und sich krümmte, hatte Maik sich umgedreht, um sich den zweiten Freund vorzuknöpfen. Eine Salve von Faustschlägen. Immer ins Gesicht. Wieder und wieder.

Die Mädchen schrien auf. Eines versuchte, Maik am Arm zu packen, doch er stieß sie von sich und wehrte sie mit einem Tritt ab. Mit Mädchen schlug er sich nicht.

Aus den Augenwinkeln sah er, dass Bjarne wieder auf den Beinen war. Er wollte abhauen. Doch dafür war es zu spät. Früher hätte er davonlaufen sollen. Damals, statt Maik zu verspotten. Vor der ganzen Klasse. Vor den Lehrern. Damals hätte Bjarne ihm den Rücken zukehren können. Doch nicht hier. Nicht heute.

Maiks Blick verdunkelte sich. Er nahm nicht mehr wahr, was um ihn herum geschah. Sein Blick galt noch Bjarne. Alles andere blendete er aus. Es gab auf dieser Welt nur noch ihn und Bjarne und Maiks Wut auf alles, was schiefgelaufen war, seit dieser Typ ihn angegangen war. Schon flogen Maiks Fäuste. Wie in einem Traum. Wie in einem Computerspiel, wo man nur die richtigen Knöpfe drücken musste, um den Gegner mit Schlägen und Tritten zu besiegen. Ein Hagelsturm aus Fäusten und Füßen prasselte auf Bjarne ein.

Immer wieder versuchten die Freunde, Maik von Bjarne loszureißen, doch Maik war nicht mehr aufzuhalten. Er kannte von früheren Schlägereien die Punkte, auf die man zielen musste, um sich einen Gegner vom Leib zu halten.

Maik schlug. Er prügelte auf die Welt. Auf Lehrer, Polizisten, ja auch auf seinen Großvater. Und mit einem Mal war er wieder da: der Rhythmus. Mit jedem einzelnen Schlag: Versager. Verlierer. Versaut. Doch dieses Mal war nicht er der Versager. Dieses Mal schlug er auf ihn ein, auf den Versager und den Verlierer.

Irgendwann kam nicht mehr viel Widerstand. Maik richtete sich zu seiner vollen Größe auf und trat zu. Weit ausholend rammte er dem Bündel auf dem Boden die Spitze seines Schuhes in die Seite.

Wieder und wieder, bis sich Maiks Tunnelblick weitete und aufhellte. Bis er die Mädchen weinen hörte. Bis er mitbekam, dass einer der Jungen in sein Handy brüllte: »Er schlägt wie irre auf uns ein. Sie müssen kommen! Schnell! Er prügelt ihn noch zu Tode!«

Allmählich nahm Maik wieder seine Umgebung wahr. Langsam wurde ihm bewusst, wo er sich befand. Völlig außer Atem.

Vor ihm lag Bjarne. Blutüberströmt. Von seinem Gesicht war kaum etwas zu erkennen unter all der roten Farbe. Er lag unnatürlich verkrümmt. Direkt neben ihm: einer der anderen Jungs. Auch er kauerte auf der Erde und stöhnte.

Maik machte ein paar Schritte zurück. Die Mädchen eilten zu Bjarne und dem anderen. Der dritte Junge hatte noch immer das Handy in der Hand. Sein Blick spiegelte blankes Entsetzen wider. Er starrte Maik schweigend an.

»Jetzt habt ihr eure Ruhe«, sagte Maik, drehte sich um und ging davon.

Gestärkt. In seinem Inneren herrschte eine herrliche Ruhe. Er hatte es ihnen gezeigt.

Nicht ein einziges Mal drehte er sich um. Mit erhobenem Kopf ging er davon und überließ sie ihren Schmerzen. So wie Bjarne es früher bei Maik getan hatte, nachdem er ihn bloßgestellt hatte. Stets war Bjarne davongegangen, ohne sich darum zu kümmern, wie viel er in Maik zerstört und verletzt hatte.

Maik ging.

Er bekam nichts mehr mit von dem, was nachher auf dem Picknick-Platz geschah. Wie der Rettungswagen zur Wiese gefahren kam. Die entsetzten Gesichter der Sanitäter, als sie die reglosen Opfer am Boden liegen sahen. Die verstörten Gesichter der Mädchen und des Jungen. Die Angst um ihre Freunde. Um Bjarne, der sich kaum noch rührte. Maik erfuhr nichts davon, dass die Sanitäter über eine halbe Stunde brauchten, bis sie Bjarne mit ins Krankenhaus nehmen konnten. Er ahnte nichts von ihren vielen Versuchen, all seine Verletzungen zu finden und einzuschätzen. Und er sah auch nicht die tränenüberströmten Augen der Mädchen. Er sah sie nicht verzweifelt auf dem Boden knien und mit Entsetzen den beiden Rettungswagen nachsehen, die endlich ihre Freunde ins Krankenhaus brachten.

Nichts von alledem erreichte Maik in dieser Nacht. Doch selbst, wenn er etwas davon mitbekommen hätte, es wäre ihm egal gewesen.


»Und wenn du heute an diese Nacht zurückdenkst?« Katzner unterbrach die Stille, die nach Maiks Bericht in dem Klassenraum herrschte. Thomas Maus hatte zuvor in die Runde gefragt, wer von seinen Taten erzählen möchte. Und da Maik durch seine Erinnerung in der Woche davor noch alles frisch in seinem Gedächtnis hatte, war er der Erste gewesen, der die Hand gehoben hatte.

»Weiß nicht. Das alles ist fast ein Jahr her«, antwortete Maik. »Wenn ich daran zurückdenke, dann sehe ich die Bilder noch vor mir. Und dann steigt irgendwann wieder die Wut in mir hoch. Ich muss dazu nur an Bjarnes dummes Lachen denken. Da werde ich sofort aggressiv.«

Messut hob schnell die Hand. »Und das ist ja nichts Gutes, nicht wahr? Aggressivität ist schlecht, oder, Herr Katzner?«

Der blickte auf die AGT-Teilnehmer. »Jetzt hebt bitte jeder die Hand, der glaubt, dass Aggressivität etwas Negatives ist.«

Alle zeigten auf und Katzner und Maus sahen sich vieldeutig an. »So, so«, sagte Maus schließlich. »Und wenn ich euch jetzt sage, dass Aggression euch schon mehrfach das Leben gerettet hat?«

»Was?« Messut staunte ebenso wie die anderen.

»Aggression ist etwas ganz Normales. Ein Reflex, wenn man so will, der uns schnell auf eine Situation reagieren lässt. Wenn einem Autofahrer ein Kind vor den Wagen läuft, dann tritt er rasch und kräftig – eben aggressiv – auf die Bremse. Wenn vor dir jemand bei Rot über die Ampel geht und du siehst den Bus heranfahren, dann denkst du nicht lange nach, sondern ziehst denjenigen am Ärmel grob und hastig – eben aggressiv – auf den Gehsteig zurück. Das habt ihr alle schon mal erlebt.«

Katzner übernahm das Gespräch: »Es kommt darauf an, wie du deine Aggressionen einsetzt. Als Reaktion in einem Konflikt hat sie noch nie funktioniert.« Er drehte sich Maik zu. »Dieses Lachen von Bjarne macht dich aggressiv?«

»Ja. Unbedingt.«

»Weil es unschöne Erinnerungen auslöst. Weil du dich an deine Schulzeit erinnert fühlst und daran, wie unfair er zu dir war.«

»Genau.«

»Wie hättest du denn reagieren können?«

»Wann?«

»An diesem Abend. Am Fluss. In der Nähe von Bjarnes Freunden, die dir ja mächtig auf den Wecker gegangen sind. Wie hättest du anders reagieren können als mit Gewalt?«

Maik wehrte ab. »Moment. Ich wurde ja nicht gleich gewalttätig. Ich bin ja erst rüber und hab mit ihnen geredet.«

»Du hast gesagt, sie sollen die Fresse halten.«

»Ja, eben. Gesagt hab ich das. Ganz ohne Gewalt.«

Katzner blickte auf Maiks Hände. »Ach so, du meinst, Gewalt wird immer nur mit Händen oder Füßen ausgedrückt.«

»Ja, genau. Nein – Moment. Worte können auch wie Messer sein, sagt man doch.«

Katzner nickte. »Was hättest du also machen können an diesem Tag?«

In Maik begann es zu kribbeln. »Ich weiß, worauf sie hinauswollen, aber die Antwort gebe ich Ihnen nicht.«

»So? Was will ich denn von dir hören?«

»Sie sagen bestimmt, ich hätte gehen sollen an diesem Abend. Bjarne mit seinen Leuten allein lassen. Aber das sehe ich nicht ein. Ich bin immer schon vor ihm weggelaufen. Er sollte gehen an diesem Abend. Er hat gestört mit seinem affigen Gehabe.«

»Dann ist Bjarne also selbst schuld an dem, was geschehen ist?«

Maik überlegte kurz und antwortete schließlich mit »Ja«.

Katzner erhob sich von seinem Platz. »Bitte steht alle mal auf«, forderte er sie auf, »und stellt euch in eine Reihe nebeneinander.«

Alle fünf Teilnehmer stellten sich Schulter an Schulter in den Raum: Andy, Tobias, Martin, Messut und Maik.

»Und jetzt?«, fragte Messut und brachte Maik zum Kichern. Der Kerl hatte wirklich überhaupt keine Geduld.

Katzner ging zu seiner Tasche und kramte ein Blatt Papier hervor. »Eigentlich wollte ich das erst in ein paar Wochen machen, aber ich finde, heute passt diese kleine Übung sehr gut. Ich werde euch nun ein paar Sätze vorlesen. Und wenn einer dieser Sätze auf dich zutrifft, dann gehst du einen Schritt nach vorn. Verstanden?«

»Das war's?«, fragte Messut. »Einfach einen Schritt vor?«

»Genau. Bereit?«

Alle nickten.

Katzner las: »Gehe einen Schritt vor, wenn du dich schon mal geprügelt hast.«

Alle fünf machten einen Schritt. Katzner las weiter: »Gehe einen Schritt vor, wenn du zuschlägst, falls Freunde von dir bedroht sind.«

Wieder traten alle gemeinsam nach vorn.

»Du erwartest, dass deine Kumpel dir bei einer Schlägerei helfen.«

Maik tat den Schritt. Auch Andy, Tobias und Messut. Martin blieb für einen Augenblick stehen. Er überlegte, dann sah er, dass er allein hinter der Reihe der anderen stand, und kam ebenfalls einen Schritt nach vorn.

Gleichstand, dachte Maik. Vielleicht sind wir doch eine Gruppe, also ein »Wir«.

»Gehe vor, wenn du gern bewaffnet bist.«

Maik dachte daran, wie selbstverständlich er sein Messer in der Tasche hatte, wenn er abends ausging. Dieses Mal wurde er nur von Andy begleitet. Die anderen blieben stehen. Maik wunderte sich, da folgte schon der nächste Satz: »Gehe vor, wenn du dich selbst als gewaltbereit einschätzt.«

Blöde Frage, dachte Maik. Gewaltbereit. Was hieß das

schon? Klar, wenn es Ärger gab ... wenn jemand ihn beleidigte ... oder jemanden aus seiner Familie ...

Er trat vor. Messut ebenfalls. Doch Maik stand nun an der Spitze der Gruppe. Und das gefiel ihm gar nicht.

»Tritt vor, wenn du nach einer Beleidigung zuschlägst«, las Katzner und Maik musste diesen Schritt tun. Es entsprach der Wahrheit. Die anderen allerdings traten ebenfalls alle vor.

»Oder wenn deine Familie beleidigt wird«, las Katzner.

Auch diesen Schritt musste Maik machen. Von den anderen aber blieben Andy und Martin zurück. Maik war also nun schon zwei Schritte voraus. Ein beklemmendes Gefühl.

»Tritt vor, wenn du glaubst, dass man mit Gewalt Probleme lösen kann.«

Maik dachte an Bjarne. Der hatte nach dem Angriff endlich die Klappe gehalten. Also machte Maik diesen Schritt. Beinahe allein. Nur Messut ging ebenfalls vor. Doch Maik stand nun weit vor den anderen.

»Und die letzte Frage«, sagte Katzner: »Mache einen Schritt, wenn du sagst, dass deine Opfer selbst schuld sind.«

Tobias ging vor. Messut auch. Und Maik? Er musste vor. Immerhin hatte er genau das vorhin im Gespräch zu Katzner gesagt: »Bjarne war selbst schuld.« Doch Maik wollte nicht. Er wollte nicht so weit von den anderen entfernt stehen. Er wollte nicht schon wieder der Außenseiter sein. Nicht hier, in der Gruppe. Galt er jetzt auch schon bei den anderen als Versager? Er verfluchte es, ständig solche Gefühle zu haben, und tat widerwillig den erforderlichen Schritt. Es war ihm noch nie im Leben so schwergefallen, seine Füße zu bewegen. Es fühlte sich an, als seien sie mit Leim am Boden festgeklebt worden.

»Seht euch um«, bat Katzner. Doch Maik brauchte das nicht. Er hatte ja schon mitbekommen, dass er der Gewaltbereite war. Derjenige unter ihnen, der am ehesten zuschlug. Derjenige ...

Katzner unterbrach Maiks negative Gedanken: »Was passiert gerade mit dir, Maik? Wie geht es dir?«

Aus Maik brach es heraus: »Ich will nicht hier vorn stehen. Nicht hier!«

»Okay. Aber: Was möchtest du stattdessen?«

»Ganz ehrlich: Ich möchte mit diesen Fragen nichts zu tun haben.«

Andy meldete sich zu Wort: »Maik hat recht. Diese Fragen sind unerträglich.«

»Total!«, sagte auch Messut.

Katzner und Maus sahen sich kurz an. »Einverstanden«, gab Katzner nach. »Wir brechen die erste Runde ab. Aber ich bitte euch, noch einmal in die Ausgangsposition zu gehen. Und keine Sorge, ich werde euch dieses Mal Fragen stellen, die einen ganz anderen Charakter haben. Ihr werdet es merken.«

Die Jugendlichen atmeten sichtbar auf. Maik spürte, wie gut es ihm tat, mit den anderen wieder auf einer Ebene zu sein. Neben seinen Leuten. Als Teil der Gruppe. Dennoch: Das ungute Gefühl verschwand noch nicht ganz.

»Die Übung ist in der Sache die gleiche. Bereit?«

Sie nickten zustimmend.

Katzner zog ein zweites Blatt hervor und las: »Gehe einen Schritt vor, wenn du schon einmal ein unangenehmes Gefühl hattest, wenn jemand zu nahe bei dir stand.«

Alle außer Martin kamen vor.

»Wenn du dich schon einmal von anderen Jugendlichen bedroht gefühlt hast.«

Diesen Schritt taten alle.

»Wenn du schon einmal von einer Lehrerin oder einem Lehrer vor der Klasse lächerlich gemacht worden bist.«

Außer Messut schritten alle vor.

»Wenn du schon einmal angegriffen worden bist und deine Freunde dich im Stich gelassen haben.«

Maik kam Alex in den Sinn, der sich meistens schnell verdrückt hatte, wenn es an ihrem Treffpunkt an der Treppe Ärger gegeben hatte. Maik ging vor. Doch nur Andy kam mit.

Katzner las weiter vor. Und die Fragen prasselten nur so auf die Jugendlichen ein. Schnell zeichnete sich ein Muster ab: Katzner las und Maik trat vor. Jedes Mal. Von den anderen blieb immer wieder jemand stehen. Maik stand schon nach kurzer Zeit auch in dieser Übung weit vor den anderen. »Wenn du schon einmal geohrfeigt wurdest. Wenn du schon einmal mitgemacht hast, wenn ein Außenseiter fertiggemacht wurde. Wenn dich jemand mit Worten dazu gebracht hat zuzuschlagen. Wenn du schon mal zugeschlagen hast, weil du glaubtest, deine Clique erwartet das. Wenn ...«

Es hörte nicht auf. Maik wurden die Knie weich, aber umso mehr bemühte er sich, aufrecht zu stehen. Was waren das überhaupt für Fragen, die zu diesem unangenehmen Gefühl führten, das sich gerade in Maik breitmachte? Das war doch keinesfalls etwas, das man einen Sieger fragte. Das waren eher Fragen an einen Verlierer, an ein Opfer, an einen ... einen Loser?

Dieses Gefühl war noch schwieriger zu ertragen als bei den Fragen vorher. Dass er zuschlagen konnte, das wusste er. Aber noch nie hatte er sich so als Opfer, als Schwächling, gefühlt wie jetzt. Zu gern hätte er sich eingeredet, dass die anderen mogelten und unehrlich waren, doch daran glaubte er nicht.

Schließlich stellte sich Maus zu Maik an die Spitze: »Wie fühlst du dich?«

Maik schüttelte nur den Kopf. Wenn er jetzt noch Worte suchen sollte für das, was gerade in ihm vorging, dann würde er sich übergeben. Ganz bestimmt.

Maus ließ das Kopfschütteln als Antwort gelten. »Ähnelt das Gefühl, das du jetzt hast, dem, das dich am Fluss so in Wut gebracht hatte?«

Maik stutzte kurz. War das so? Er nickte.

»Bist du zum Täter geworden, weil du es in deiner Opferrolle nicht mehr ausgehalten hast?«

Maik starrte Maus ungläubig an, dann seufzte er aus tiefem Herzen und es schüttelte ihn geradezu. Von der aufrechten Haltung war nichts mehr übrig, er ließ die Schultern hängen. Maus und Katzner hatten ihn ertappt. Zu oft schon war er das Opfer gewesen. Immer wieder. Und mit den Schlägen hatte er sich aus dieser Rolle befreien wollen. Eine Erkenntnis traf ihn plötzlich: »Aber nach den Schlägereien«, berichtete er, »dann, wenn alles vorbei ist. Dann, wenn die Polizei in der Tür steht. Wenn meine Mutter weinend in mein Zimmer kommt. Wenn man vor der Lynch – Entschuldigung –, vor Frau Tünsch steht, am Richtertisch ...«

»Ja?«

»Dann ...« Es fiel ihm schwer, das auszudrücken. Schwerer noch, als vorhin die Schritte zu tun. »Dann bin ich plötzlich wieder ... Opfer.«

»Scheiße, Mann«, erklang es hinter ihm zustimmend und Maik drehte sich um. Messut schüttelte den Kopf. »Das hab ich vorher noch nie so gesehen.«

»Ich auch nicht«, sagte Tobias. »Mann, Leute, ist das krass: Mit der ganzen Prügelei bestätige ich eigentlich nur, dass ich ein Opfer bin.«

Katzner kam nun auch zu Maik: »Wie also hättest du reagieren können an diesem Abend? Was hättest du machen können, um nicht von einer Opferrolle in die andere zu rutschen?«

Maik überlegte. Alles in ihm weigerte sich, das Wort »Weggehen« zu benutzen. Und so gab er ehrlich zu: »Ich weiß es nicht.« Und er setzte nach: »Auf keinen Fall vor Bjarne davonlaufen. Dann wäre ich doch wieder ein Opfer gewesen.« Er blickte zu Katzner auf: »Ganz ehrlich: Ich weiß es nicht.«

# 16

Die Woche der schweren Schritte. So hätte Maik diese Zeit am liebsten genannt. Gestern Abend waren es die Schritte aus der Reihe gewesen, die ihn gleichzeitig als Gewalttäter und auch als Opfer enttarnt hatten. Er musste immer noch den Kopf schütteln, wenn er daran zurückdachte. Und jetzt stand er vor der Küchentür und musste erneut einen schweren Schritt wagen. Er hatte es den Jungs gestern versprochen: Heute würde er es tun. Und er wollte sein Versprechen halten.

Mit einer Hand griff er in seiner Hosentasche nach dem kleinen Kieselstein mit dem Smiley, den er von Julia hatte, während er mit der anderen Hand zögerlich die Türklinke ergriff. Seine Mutter hatte bereits zwei Kaffeetassen und einen Aschenbecher in die Mitte des Tisches gestellt. Maik empfand es als Ermutigung, dass sie es mittlerweile als selbstverständlich erachtete, dass er pünktlich zum Frühstück in die Küche kam. Noch vor wenigen Wochen hatte sie nie etwas vorbereitet, weil nie klar war, ob er überhaupt auftauchen würde.

»Guten Morgen, Mum«, sagte er und schloss die Tür hinter sich.

»Morgen, Maik. Setz dich doch.« Sie legte das Feuerzeug bereit. »Und? Gut geschlafen?«

Am liebsten hätte er geantwortet: Seit fünf Uhr nicht mehr, weil ich seitdem nach Worten suche. Doch stattdessen sagte er knapp: »Bestens.«

Dann gab er sich einen Ruck, doch sie kam ihm zuvor: »Wie war das AGT gestern?«

Darüber wollte er doch gar nicht sprechen. Das alles verlief so völlig anders, als er es sich ausgemalt hatte. »Ging so«, gab er zur Antwort. »Am Ende gab es eine Frage, die unbeantwortet blieb.«

»So?«

»Ja, ich solle mal drüber nachdenken‹, sagte Katzner. Als ob ich das zurzeit nicht ohnehin ständig mache. Und dann gab es sogar eine Hausaufgabe.« Er dachte an die Liste, die alle mitbekommen hatten und die auf seinem Schreibtisch wartete.

»Was denn?«

Er winkte ab. »Nein, hör mal, ich wollte über was ganz anderes mit dir reden.«

»Ach. Brauchst du Geld?«

»Nein.«

»Ist was mit Opa?«

»Nein. Auch nicht.«

Plötzlich änderte sich ihr Gesichtsausdruck. Sie wurde augenblicklich blass. »Gibt es wieder irgendwelchen Ärger.«

Maik knurrte. »Hör mir doch einfach mal zu.«

»Entschuldige.« Sie setzte sich aufrecht hin und zündete ihre Zigarette an. »Dann los. Ich höre.«

»Ich …« Verdammt. Jetzt wusste er nicht mehr, wie er hatte anfangen wollen. »Es gibt da etwas, das …« Er seufzte.

»Ja?«

»Weißt du …« Er verfluchte sich selbst. Es war immer leicht gewesen, sie anzulügen oder zu hintergehen. Aber ein ehrliches Gespräch, eine offene Entschuldigung kamen ihm einfach nicht über die Lippen. »Was die ganzen Jahre gewesen ist …«

Sie schien zu ahnen, worauf er hinauswollte, denn sie bekam feuchte Augen.

Maik forschte noch einmal nach den sorgsam zurechtgelegten Worten, doch sein ganzer Speicher war leer. Also beschloss er, auf alle Vorbereitung zu pfeifen und es frei heraus zu sagen: »Ich war die ganze Zeit so ein Arschloch. Vor allem dir gegenüber.«

Die erste Träne kullerte über die Wange. »Ach, nicht doch.«

»Doch, Mum. Ich hab so viel Mist gebaut. So viel Scheiße fabriziert. Hab dich beleidigt. Belogen. Hintergangen. Du hast so viel wegen mir aushalten müssen. Und jetzt ...« Sein Magen krampfte vor Aufregung. »Mir ist klar geworden, dass ich nie zu schätzen gewusst habe ... Also, ich meine: Trotz all dem Ärger hast du stets ... du bist immer ...« Der Knoten in seinem Hals wollte sich einfach nicht lösen. »Ich will mich entschuldigen. Ich ... hab ... eingesehen ...«

Ihr Gesicht war nass vor Tränen der Rührung. Sie stand auf und ging auf ihn zu.

Wenn sie mich jetzt bloß nicht in den Arm nimmt, dachte er noch, als sie auch schon beide Arme um ihn schlang.

Er ließ es zu. Nein, mehr noch: Er genoss diesen Augenblick. Es war, als nehme sie ihn nicht nur in den Arm, sondern eher, als nehme sie allen Druck von ihm. Alle Angst und Selbstzweifel. Wenigstens für diesen einen Moment.

Dann setzte sie sich wieder auf den Stuhl, sodass er mit seiner Entschuldigung fortfahren konnte: »Ich will mich ändern, weißt du. Ich meine es ernst. Dieser ganze Mist soll endlich aufhören. Und vor allem ...« Er sah ihr fest in die Augen. »Vor allem sollst du nicht mehr leiden müssen.«

Sie nickte. Sie wischte sich mit dem Geschirrtuch, das auf dem Tisch lag, über das Gesicht. »Du glaubst nicht, wie sehr ich auf diesen Moment gewartet habe«, sagte sie mit brüchiger Stimme. »Und ich freue mich so. Für dich! Ich sehe doch, wie du dich in den letzten Wochen und Monaten verändert hast. Und wie gut dir das tut.« Sie blickte an die Decke. »Soll es denn wirklich wahr sein? Hat all das endlich ein Ende?«

»Versprechen kann ich nichts«, gab Maik ehrlich zu. »Aber ich werd es versuchen. Wirklich.«

Sie ergriff seine Hand. »Das ist alles, was ich mir wünsche. Dass du es nur ehrlich versuchst.«

Sie setzte sich mit einem Mal aufrecht hin. »Und weißt du, was?«, erklärte sie mit fester Stimme, während sie vor Maiks verwundertem Blick ihre halbe Zigarette ausdrückte. »Ich werde auch was tun.«

»Wie meinst du das?«

»Du musst an dir arbeiten. Und ich glaube, da ist einiges zu tun.«

So einen liebevollen Blick hatte Maik an ihr schon lange nicht mehr gesehen. »Und ob!«

»Ich werde aber auch etwas tun. Wir werden uns gemeinsam ändern.«

Maik schüttelte den Kopf. »Ich weiß immer noch nicht, was ...«

Sie zeigte auf den Aschenbecher. »Ich werde mit dem Kram aufhören. Wenn du dich ändern kannst, dann kann ich das auch.«

Maik staunte. »Du? Nicht mehr rauchen?«

Sie grinste. »Ich hab gehört, es soll Leute geben, die zum Frühstück ein Brötchen essen, statt zu rauchen.«

»Ja, davon hab ich auch schon mal gehört.«

»Die machen da sogar Marmelade drauf.«

»Das heißt ...?«

»Wir beide machen das jetzt auch. Ab morgen gibt es hier Brötchen zum Frühstück. Oder Brot. Oder Müsli. Oder was du dir wünschst. Und wenn du magst, kannst du gern davor oder danach rauchen. Ich hör auf.«

»Ich auch!«, antwortete Maik entschlossen. »Da brauchst du gar nicht so groß gucken. Wenigstens morgens die Zigarette lasse ich weg.«

Sie strahlte, wie Maik sie schon lange nicht mehr erlebt hatte. »Also abgemacht: Wir beide ändern uns. Jeder arbeitet an sich. Und wir unterstützen uns gegenseitig dabei.« Sie hielt ihm die Hand hin. »Abgemacht?«

Er schlug freudig ein. »Abgemacht«, sagte er und dachte nur: Das waren wieder Sätze mit einigen »Wir« darin, doch jedes einzelne »Wir« konnte er glatt unterschreiben.

»Wie viele Leute hast denn du auf deiner Liste?«

Andy stand vor der Berufsförderung und wartete auf Maik. Das hatte sich in den letzten Wochen so eingespielt und war für Maik ein Grund mehr, pünktlich zu erscheinen. In der Hand hielt Andy seine Liste, die sie gestern Abend im AGT ausgeteilt bekommen hatten.

»Nicht so viele!«, meinte Maik. »Und du?«

»Sechs.«

»Dann sind es mehr als bei mir. Darf ich sehen?«

Andy hielt ihm den Zettel hin. »Meine Beleidigungs-Liste« stand obenauf, genau wie bei Maik. »Schreibt auf, welcher Mensch euch mit einer gezielten Beleidigung wirklich treffen könnte«, hatte Katzner gesagt.

Maik grinste. »Die erste Person auf deiner Liste entspricht absolut meiner«, sagte er und zeigte mit dem Finger auf das oberste Wort: »Mutter«. Dann kamen ein paar Namen, die Maik nicht kannte.

»Meine beiden Brüder, mein Vater und mein Onkel, der bei uns wohnt«, erklärte Andy.

Dann stutzte Maik. An sechster Stelle stand sein Name.

»Du hast mich mit dadrauf?«

Andy nickte. Da zog Maik seine eigene Liste hervor, die er eingesteckt hatte, um in der Berufsförderung weiter darüber nachzudenken. Er faltete sie auseinander und streckte sie Andy entgegen. »Na, dann schau mal hier.«

Andy überflog die Namen: Mutter, Großvater, Andy, Julia. Hinter Julia allerdings war ein Fragezeichen vermerkt.

»Du hast mich ja auch drauf.« Dass Andy sich darüber freute, war nicht zu übersehen.

Maik steckte das Papier wieder ein. Gemeinsam gingen sie die Treppen hinauf zum Eingang, öffneten die Tür und blieben erstaunt stehen. Das Bild, das sich ihnen bot, war ungewöhnlich. Die Aufregung pulsierte um sie herum.

Vor der Treppe zu den oberen PC-Räumen stand ein Dutzend Jugendlicher zusammen und unterhielt sich erregt. Andy stieß Maik in die Seite und zeigte auf das Büro von Schubert und Massem, das zum Flur hin ein großes Fenster hatte. Durch dieses Fenster konnten sie Frau Massem erblicken. Sie saß völlig aufgelöst und weinend am Schreibtisch. Ein Polizist in Uniform stand bei ihr und ein Mann, den Maik bisher nur aus der Zeitung kannte: den Bürgermeister der Stadt. Auch er wirkte sehr aufgebracht. Mit einem ernsten Gesicht schritt er vor dem Schreibtisch auf und ab.

»Was ist denn hier los?«, fragte Andy und ging Maik voraus zu der Gruppe an den Treppenstufen.

»Hey«, rief ihnen einer der Jugendlichen zu, von dem Maik glaubte, dass er Fabio hieß. »Habt ihr es schon gehört?«

»Nein. Was denn? Was ist denn hier los?«

Einige Jugendliche rückten zur Seite, sodass Andy und Maik sich in die Lücke stellen konnten, und schon waren die beiden ein Teil der Gruppe.

»Der Schubert hat gestern Abend eine aufs Maul bekommen«, informierte sie Fabio.

»Was? Wieso? Von wem?«

»Na, ihr wisst doch, dass Schubert nicht nur diesen Kasten leitet, sondern auch für die Berufsförderung am Südbahnhof verantwortlich ist.«

»Klar wissen wir das«, sagte Andy, während Maik sich fragte, warum Andy so etwas wusste, er selbst aber nicht.

»Da war Schubert gestern Abend«, erklärte Fabio weiter. »Zwei der Jugendlichen sind auf ihn zugekommen. Der eine wollte mit Schubert reden. War wohl unzufrieden.« Fabio grinste. »Aber wer ist das nicht, in diesem Zeitverschwendungs-Mahnmal, was?«

»Na los und weiter?«

»Weiter? Schubert hat halt mal wieder den Pädagogen raushängen lassen. Da hat ihm einer der beiden ein Skateboard quer über den Schädel gezogen. Einfach so. Der war so sauer, dass sein Kumpel ihn gar nicht bremsen konnte. Er hätte die Schnauze voll von Schuberts Gesülze, muss er laut gebrüllt haben. Schubert ist direkt zu Boden gegangen.«

»Zu Boden?«

»Hey – bewusstlos. Wie im Boxring. Bloß mit einem Skateboard statt Handschuhen.« Fabio wollte sich schon abwenden.

»Warte mal, bist du sicher, ein Skateboard?«, hakte Maik nach, in dem ein Verdacht wuchs.

Andy sah ihn an. »He, du glaubst doch nicht ...«

Maik zupfte Fabio am Jackenärmel. »Kennt man den Namen von den beiden Jugendlichen?«

Fabio grinste. »Na hör mal. Die Namen kennt bald die ganze Stadt. Denen werden wir ein Denkmal errichten, diesen Schubert-Bezwingern. K. o. in der ersten Runde durch Brett vorm Kopf.«

Maik fand die Sprüche widerlich. »Mach's nicht so spannend, wie heißen die beiden denn nun?«

»Also«, genoss Fabio die Aufmerksamkeit. »Wenn du drauf bestehst. Der Kerl, der Schubert zu Boden hat gehen lassen, heißt Adrian. Adrian Philippi. Und der Typ, der mit seinem Skateboard dabeistand, der heißt Martin. Martin Kroll und ...«

Der Rest von Fabios wichtigtuerischem Gerede war Maik egal. Er drehte sich zu Andy, dem ebenfalls der Schrecken ins Gesicht geschrieben stand.

»Martin!«

Maik wurde von Erinnerungen an seine eigene Festnahme überspült.

Damals ...

Aber nicht wegen der Unmengen an Kippen, die er seiner Mutter geklaut hatte. Sie hätte ihn niemals angezeigt.

Nein, die Verhaftung hatte es wegen der Yamaha gegeben. Im vergangenen Jahr, kurz vor den Ferien. Eine Yamaha, 600 ccm und satte 84 PS, die Maik sich geborgt und mit der er ein Rennen gefahren war. Quer durch die Stadt: Maik auf dem geliehenen Bike und Jonas mit seinem Bruder in einem GTI.

Damals, als Maik für Jonas und seine Bande wieder nur noch der Loser war, nachdem er aufgehört hatte, Kippen für sie zu organisieren. Sie hackten ständig auf ihm rum, bis zu dieser Wette. Ein Rennen, mit dem Maik beweisen konnte, dass er kein Loser war. Dass er auf der Siegerstraße zu Hause ist. Mehr als dieser Angeber mit seinem GTI-Bremser-Bruder.

Vom Start an hatte Maik eine gute Position. Ließ den GTI nicht überholen. Allerdings gelang es ihm auch nicht, den Wagen abzuschütteln.

Und so war er auf die Idee mit der Abkürzung gekommen. Mitten durch die Felder. Am Stadtrand. Anstelle der Autobahnzubringer und des großen Rings um die Stadt. Ohne Ampeln, ohne Radarfallen. Nein: Erst durch die Schrebergärten, dann durch die Felder. Dort kannte Maik sich doch bestens aus. Ein Kinderspiel.

Es hätte fast geklappt!

Maik ballte auch jetzt automatisch die Hände zu Fäusten, wenn er nur daran dachte. An diesen idiotischen Jogger, der am Abend durch die Felder gelaufen war und wegen dem Maik so abrupt ausweichen musste, dass die geliehene Yamaha röhrend auf die Seite gekracht war.

Dieser Jogger, der Maiks Siegeslauf gestoppt hatte.

Dieser Jogger, der Maiks Fäuste zu spüren bekommen hatte. Rasend vor Wut, bis die Polizei kam und Maik mitgenommen hatte.

Und dann lief alles ab wie in einem billigen Fernsehkrimi. Fragen über Fragen. Sogar seine Mutter hatten sie kommen lassen. Wie in einer Daily Soap. Und als hätten sie ihr ein Drehbuch gegeben, heulte sie sofort, als sie ihn sah.

Lächerlich war das alles. Lächerlich. Und dabei hätte es sein Abend sein sollen. Seine Chance!

Lächerlich auch die Fragen zu dem Jogger. Was ging dieses durchgeschwitzte Handtuch Maik an? Was hatte der Depp in den Feldern zu suchen? Nachts!

Nein, der Einzige, der geschädigt worden war, das war Maik gewesen. Man hatte ihm die Möglichkeit genommen, sich zu beweisen. Er gehörte nicht in die Polizeistation. Da sollten sie lieber andere einsperren. Den Jogger zum Beispiel oder Jonas mit seinem GTI-Bruder.

Eine Scheiße war das alles! Und sie fand ihren Höhepunkt am nächsten Morgen, als Jonas ihn freudestrahlend am Schuleingang empfangen und lautstark verhöhnt hatte: »Nun ist es ja amtlich. Mit Polizeistempel besiegelt: Maik, du bist ein Loser und wirst es immer bleiben!«

# 17

Maik sah sich wie inzwischen fast bei jedem Treffen in der AGT-Gruppe um. Nun waren sie also nur noch zu viert. Ein komisches Gefühl. Sie waren zu acht gestartet. Nur die Hälfte von ihnen hatte durchgehalten. Und jetzt standen sie hier vor diesen Mauern und wussten nicht so recht, was sie erwartete.

Maik ließ die letzten vier Wochen in Gedanken an sich vorbeiziehen, solange sie auf Einlass warteten: Martin war bereits auf dem Weg in die Strafhaft. Vier Wochen war der Vorfall nun her.

Die Anklage lautete Mittäterschaft und unterlassene Hilfeleistung. Er hatte Schubert zwar nicht selbst angegriffen, doch es war Martins Board gewesen, mit dem der Pädagoge niedergeschlagen worden war. Martin wollte in Berufung gehen, doch durch seine bisherigen Straftaten konnte niemand einschätzen, ob er Erfolg haben würde.

Seither hatte sich einiges geändert. Vor allem in der Berufsförderungsmaßnahme. Frau Massem war nicht mehr wiederzuerkennen gewesen. Sie verkroch sich nicht mehr in ihr Büro wie bisher, sondern suchte das ehrliche Gespräch mit den Jugendlichen. Sie versuchte, zu verstehen und zu helfen, wo es nur ging. Dank ihr hatte Maik nun perfekte Bewerbungsunterlagen mit allen Papieren und Zeugnissen, die man dafür benötigte. Auch ein ordentliches Anschreiben hatte er mit ihrer Hilfe verfasst. Nun musste er sich nur noch entscheiden, wo er sich bewerben wollte.

Das neue Frühstücksritual mit seiner Mutter würde er um nichts in der Welt mehr eintauschen wollen. Jeden Morgen backte sie Brötchen aus der Tüte auf. Und sie machten sich einen Spaß daraus, unterschiedliche Marmeladensorten auszuprobieren. Ständig hatten sie ein anderes Glas auf dem Tisch. Was schmeckte, wurde in den nächsten Tagen verputzt. Was nicht schmeckte, das nahm Maik mit zu seinem Großvater, wenn er ihn im Schrebergarten besuchte. Der war nicht so wählerisch.

Tja, und dann hatte sich auch irgendetwas in der Beziehung zu Julia geändert. Vor einigen Tagen hatte sie sich fest an ihn geschmiegt, an ihm herumgeschnüffelt und gesagt: »Du riechst so gut.«

Natürlich hatte Maik sofort gewusst, was sie meinte. »Ich bin auf zwei runter. Pro Tag.«

Sie hatte gelächelt und spielerisch nachgehakt: »Pro Tag?«

»Na ja«, hatte Maik ehrlich geantwortet. »Kommt drauf an, was für ein Tag. Am Wochenende brauche ich tatsächlich nur zwei. In der Woche rauche ich dann schon mal drei oder vier. In den Mittagspausen brauche ich ein oder zwei Zigaretten, wenn ich mit Andy vor der Tür stehe.«

»Ist doch okay«, hatte sie gesagt und ihm durch die Haare gewuschelt. Seither kuschelte sie sich öfter an ihn und Maik hatte das sichere Gefühl, dass dies nicht nur wegen des fehlenden Zigarettengeruchs so war.

Doch so, wie sie sich neulich an ihn geschmiegt hatte, das war anders als sonst. Herzlicher. Als hätte sie seine Gedanken erraten, hatte sie geflüstert: »Wenn ich bei dir bin, riechst du gut, also sind Tage mit mir wohl gute Tage? Willst du vielleicht mehrere solcher guten Tage haben?« Und bevor es ihm möglich gewesen war zu antworten, hatte sie schon ihre Lippen auf seine gepresst.

Die Zeit war stehen geblieben, aber irgendwann hatte sie sich von ihm gelöst: »Außerdem gibst du mir im Moment ein sicheres Gefühl. Also, ein Gefühl, dass ich mich auf dich verlassen kann. Dass das, was du sagst, auch das ist, was du tust. Und das, was du tust, ist gut und ...«

Maik war das zu philosophisch. Mädchenkram eben. Und bevor sie weitersprechen und den schönen Moment zerstören konnte, hatte er ihr einen weiteren Kuss auf den Mund gedrückt. Sie waren jetzt also fest zusammen und für Maik war das eine ganz große Nummer und etwas, was er noch nicht gefühlt hatte.

Doch das war es nicht, was Maik heute beschäftigte. Nein, im Moment wühlte ihn etwas ganz anderes auf: Er stand neben Messut, Tobias und Andy und musste an Martin denken. Martin, der bald ins Gefängnis ging. In einen Knast wie diesen, vor dem sie gerade standen.

Maik blickte auf die meterhohen Mauern. Auf den Stacheldraht, der sich wie eine dünne Schlange über den Rand schlängelte. Und auf die vielen Überwachungskameras. Es schüttelte ihn.

Thomas Maus hatte diesen Besuch für ihr siebzehntes AGT-Treffen organisiert. Er hatte gute Kontakte zu einem der AGT-Trainer in der Justizvollzugsanstalt. So hatte er diesen Tag vorbereiten können.

»Aber seht das hier nicht als Ausflug«, ermahnte er sie, bevor sie eintraten. Sie wussten alle, dass es langsam auf das Ende ihrer Treffen zuging.

Maik verspürte sogar einen Kloß im Hals. Das war ein komisches Gefühl, in etwa zwei Monaten keinen Termin mehr an den Donnerstagen zu haben. Wie das wohl werden sollte, ohne diesen »Anker« AGT-Treffen, die gemeinsamen Wochenreflexionen und der Austausch darüber, was so ansteht?

Die anderen schienen auch zu grübeln. Manche nickten verlegen und unsicher. Schließlich marschierten sie nun in einen Knast, live und in Farbe. Ihnen war die Aufregung anzusehen.

Schon in den letzten Wochen, nach allen Übungen und Gesprächen, hatte er stets gewarnt: »Wir gehen nicht in den Zoo, Leute. Das ist kein Wandertag. Wir besuchen Strafgefangene im Langzeitvollzug. Also die richtig harten Jungs, wie ihr sagen würdet. Wer sich dort ein Zimmer reserviert hat, der sitzt für mindestens fünf Jahre ein. Oft aber bedeutend länger. Verstanden?«

Maik beschlich ein mulmiges Gefühl. Er sah auf den Eingang. Auf die Tür neben der riesigen Sicherheitsscheibe, hinter der er drei Beamte ausmachen konnte, die auf die Bilder der Überwachungskameras blickten. Auf einem Monitor konnte er sich selbst erkennen, wie er neben den anderen stand.

»Dann mal her mit euren Schätzen«, rief Thomas Maus betont gut gelaunt. An der Wand gegenüber dem Eingang zur JVA befanden sich mehrere Schließfächer. »Alles rein, was ihr in den Taschen habt. Handys, Schlüssel. Einfach alles, bis auf eventuelle Taschentücher.«

Nacheinander entleerten sie ihre Taschen. Katzner sammelte ihre Personalausweise ein und brachte sie zu einem der Beamten hinter der Scheibe.

Dann erst öffnete sich die Eingangstür.

»Es geht los«, sagte Maus.

Gemeinsam gingen sie auf das Tor zu, aus dem ihnen fünf Personen entgegenkamen, vier Männer und eine Frau. Zwei der Männer waren uniformiert. Sie gingen vorweg, in ihren typischen Hemden, darüber eine Jacke, auf der das Wort Justiz weiß prangte. Das waren Vollzugsbeamte, wie Maik wusste. Sein Blick ging unwillkürlich zu den Alarmgeräten, die in den Halftern am Gürtel steckten, und zu den Funkgeräten und den riesigen Schlüsselbunden.

Von den anderen dreien hatte ihnen Thomas Maus in der letzten Woche erzählt: »Ihr werdet die Sozialarbeiterin kennenlernen, Frau Stenzel, und ihren Trainingspartner, Herrn Bahles. Tja, und dann wird uns wohl auch Herr Brandenburger begrüßen, der Vollzugsleiter für die Abteilung, in der dieses AGT stattfindet.«

Maik war sofort klar, wer von ihnen Herr Brandenburger sein musste. Mit Sicherheit war es der ältere der beiden Männer. Der mit dem ausdrucksstarken Gesicht, den hellen silbernen Haaren und dem stechenden Blick hinter der Brille. Frau Stenzel schätzte Maik auf etwas über fünfzig Jahre. Sie hatte lange, lockige Haare, die sie zu einem Pferdeschwanz gebunden hatte. Unter dem Arm hielt sie einen Aktenordner, wie ihn auch Katzner zu jedem AGT mitbrachte. Und das neben ihr, das musste dann wohl Bahles sein. Jung, drahtig, mit einem interessierten Gesichtsausdruck. Maik mochte ihn und Frau Stenzel sofort. Brandenburger allerdings verursachte bei Maik eher eine Gänsehaut.

»Ich heiße Sie alle herzlich willkommen«, sagte Brandenburger, während seine Augen jeden der Anwesenden gleichzeitig zu fixieren schienen. »Ich bin der zuständige Vollzugsleiter und stehe für alle Fragen zur Verfügung. Frau Stenzel und Herr Bahles leiten das interne AGT. Herr Maus hat Sie bestimmt vorbereitet. Und so würde ich sagen: Verlieren wir keine Zeit. Sie werden ja schließlich alle erwartet.«

Stenzel und Bahles kamen auf jeden Einzelnen zu und drückten ihm die Hand. Dann gingen die drei hinter dem ersten der Vollzugsbeamten durch die Eingangstür. Maus und Katzner folgten ihnen, dicht darauf Andy, Tobias, Messut und Maik.

Hinter der Tür blieb Brandenburger stehen und schüttelte jedem, der an ihm vorbeimusste, die Hand. Sogar nach ihren Namen fragte er sie.

Sie befanden sich in einem engen Raum, in dem sich außer den beiden Türen nur ein weiteres riesiges Sicherheitsglas befand, durch das die Beamten am Eingang sie beobachteten. Auf der Tür vor ihnen entdeckte Maik ein Schild: »Bitte einzeln eintreten.«

Brandenburger bat Tobias, als Erster hindurchzugehen. Maik war bereits als Zweiter an der Reihe.

In dem engen Raum herrschte Schweigen. Maik wusste nicht, wohin mit seinen Blicken. Die Beamten hinter dem Sicherheitsglas wollte er nicht anschauen. Ebenso wenig wie Brandenburger. Also sah er zur Decke. Vielleicht hoffte er, eine Spinne in ihrem Netz zu erblicken, doch selbst Spinnen schienen es nicht an dem Wachpersonal vorbeizuschaffen. Der Raum war absolut sauber, bis in den letzten Winkel.

Die Tür vor ihm öffnete sich und Maik trat ein. Von Tobias war nichts zu sehen. Stattdessen blickte Maik auf einen Sicherheitsscanner, wie er sie schon einmal am Flughafen bei einer Klassenfahrt gesehen hatte.

»Kommen Sie bitte vor«, bat einer der drei Beamten, die sich in dem Raum befanden.

Maik ging durch den Scanner und erschrak regelrecht, als das Ding anschlug.

»Ihren Gürtel bitte«, sagte der Beamte.

Maik zog den Gürtel aus den Hosenschlaufen und durchschritt noch einmal den Scanner. Dieses Mal blieb das Gerät still.

Der Beamte kam auf ihn zu. »Ich werde Sie jetzt abtasten«, sagte er, dann ließ er seine Hände über Maiks Körper gleiten.

»Danke«, sagte der Mann schließlich, während ein zweiter Beamter eine weitere Tür öffnete. »Bitte warten Sie dort auf ihre Begleiter, ja?«

Maik ging in den Raum, der wie ein Wartezimmer beim Arzt wirkte. Tobias saß bereits auf einem der vielen Stühle.

»Man traut sich kaum zu atmen, ohne vorher zu fragen, was?«, sagte er hastig und Maik nickte stumm.

Etwa eine Viertelstunde brauchte es, bis alle die Sicherheitsschleuse durchlaufen hatten. Dann erst gingen sie hinter Brandenburger aus dem Raum.

Der Weg, den sie einschlugen, hatte sein Ritual: Stets sperrte Brandenburger mit einem seiner zahlreichen Schlüssel die Tür vor ihnen auf, wartete, bis alle in den nächsten Raum gegangen waren, schloss dann hinter ihnen ab, um sich dann an ihnen vorbeizuzwängen und die nächste Tür zu öffnen. Ganze fünf Mal wiederholte sich dieser Vorgang, bis sie endlich den Raum erreichten, in dem das gefängnisinterne AGT stattfand.

»So wie ihr in eurem AGT-Raum in der Schule, so treffen wir uns einmal in der Woche für vier Stunden hier«, erklärte Frau Stenzel und hielt ihnen die Tür auf.

Ein riesiger Stuhlkreis erwartete sie in einem lichtdurchfluteten Raum. Es wirkte beinahe steril: der helle Boden, die weißen Wände und die Stühle aus glänzendem Aluminium. Wieder fiel Maiks Blick zunächst auf die Gitter vor den Fenstern, die sich gegen den blauen Himmel abzeichneten.

Andy und Messut setzten sich rasch nebeneinander auf die nächstbesten Stühle, doch Bahles schüttelte den Kopf. »Oh nein. Wir müssen eine gewisse Sitzordnung einhalten«, sagte er. »Bitte setzt euch so, dass immer zwei unserer Insassen zwischen euch sitzen können, ja?«

Andy und Messut sahen sich fragend an, dann rückten sie beide einen Stuhl weiter, sodass zwei Plätze zwischen ihnen frei wurden. Auch Maik und Tobias suchten sich ihre Plätze entsprechend aus.

Frau Stenzel sah zur Uhr. »Dann sind wir ja genau im Zeitplan«, sagte sie und schloss die dem Eingang gegenüberliegende Tür auf. Acht Männer traten hintereinander ein, begleitet von zwei Vollzugsbeamten.

Ein beklemmendes Gefühl beschlich Maik, als sich zwei der Männer direkt neben ihn setzten, einer auf jeder Seite. Es waren Kerle, die ihn um einiges überragten. Größenmäßig, doch ganz gewiss auch kräftemäßig. Beide waren absolut durchtrainiert. Durch ihre Shirts zeichneten sich deutlich sichtbar die Muskelpakete ab. Auch ein paar Tattoos konnte Maik aus den Augenwinkeln erkennen, doch er wagte kaum, den Kopf zu drehen, um nachzuschauen, um welche Motive es sich handelte. Ihm gegenüber allerdings saß das genaue Gegenteil. Ein hagerer, fast abgezehrter Mann hatte sich neben Tobias gesetzt. Seine Augen schweiften unruhig hin und her. Man sah ihm an, dass er angespannt war.

Maik ging es ähnlich. Er fühlte ein Kribbeln in sich, das ihm keine Achterbahn der Welt hätte bieten können.

Brandenburger, als Leiter der Abteilung, eröffnete das heutige AGT-Treffen: »So begrüße ich alle Anwesenden zu diesem Zusammentreffen und kann unseren Gästen von außerhalb nur sagen: Schaut euch um, zusammengerechnet sitzen hier hundertachtundzwanzig Jahre Vollzug.«

In Maiks Hirn ratterte es. Acht Insassen, hundertachtundzwanzig Jahre Vollzug. Das bedeutete, dass jeder hier wohl im Durchschnitt fünfzehn Jahre abzusitzen hatte. Fünfzehn! Die Straftaten, die sie begangen hatten, mussten massiv sein.

»Vielleicht stellt sich jeder einmal kurz vor«, schlug Brandenburger vor und einige Insassen nannten neben ihrem Namen auch gleich einige Details: »Ich sitze hier viele, viele Jahre ab«, sagte der hagere, der neben Tobias saß. Maiks linker Nachbar sagte nur: »Ralph. Sitze hier wegen doppelten Totschlags.« Und der Nachbar an Maiks rechter Seite meinte: »Frank. Entführung und Totschlag«, und fügte kurz darauf hinzu: »Also Mord. In drei Fällen. Ich werde hier ordentlich alt werden.« Auch die anderen Häftlinge stellten sich vor, dann waren Maik und seine Gruppe an der Reihe. Auch sie stellten sich nacheinander vor. Allerdings beschränkten sie sich auf die Vornamen.

Frau Stenzel übernahm die Leitung. Sie sah Maik, Andy, Tobias und Messut der Reihe nach an und erklärte: »Das AGT könnt ihr euch im Ablauf etwa so vorstellen wie euer eigenes. Wir sprechen hier über das, was früher passiert ist und wie es dazu gekommen ist. Wir führen Übungen durch und setzen uns Ziele. Heute aber wollen wir ganz für euch da sein. Deshalb zunächst: Habt ihr Fragen?«

Erst einmal herrschte Stille. Blicke streiften durch den ganzen Raum. Schließlich war es Andy, der die Hand hob: »Ich hab eine Frage.« Er sah sich in der Runde um. »Bekommt ihr Besuch hier drinnen?«

Der Muskelberg an Maiks rechter Seite antwortete: »Manchmal. Meine Mutter kommt ab und zu vorbei.«

Der Hagere neben Tobias nickte. »Bei mir auch. Meine Mutter. Von meinen Kumpels hat sich schon lange keiner mehr gemeldet. Selbst von denen, die anfangs noch zu mir kamen, habe ich schon ein paar Jahre nichts mehr gesehen und gehört.«

»Früher hat mich meine Freundin besucht«, sagte einer, der neben Andy saß. »Hat geweint. Mir Vorwürfe gemacht. Doch dann hörte das auf. Die Besuche. Die Vorwürfe. Das Ganze mit uns hatte sich dann wohl erledigt. Weiß gar nicht, was sie jetzt so macht.«

»War bei mir ähnlich«, sagte nun Maiks anderer Nachbar. »Meine Frau war zweimal da. Die Kinder hat sie nicht mitgebracht. Die sollten nicht sehen, wo ihr Vater gelandet ist. Dann kam sie nicht mehr. Hat sich scheiden lassen. Briefe gab es nur von Anwälten. Ich hab nichts mehr von ihr gehört. Von meiner Mutter weiß ich, dass sie wohl wieder geheiratet hat.«

Wieder entstand eine Stille. Bis Maiks rechter Nachbar sagte: »Es ist immer die Mutter.«

Maik sah an ihm hoch. »Wie meinst du das?«

»Der größte Teil aller Besuche hier drin – das sind die Mütter. Die kommen. Die reden mit dir. Die halten zu dir. Hätte ich früher nicht gedacht, aber meine Mutter ist der Mensch, auf den ich am meisten bauen kann.«

Maik dachte an seine eigene Mutter. An ihr Gespräch neulich. Er konnte dem Muskelberg hundertprozentig zustimmen. Plötzlich schämte er sich für seine Gedanken, als er es neulich peinlich fand, dass das wichtigste »Wir« aus ihm und seiner Mutter bestand.

Messut durchbrach Maiks Gedanken: »Hey, und Väter?«

»Siehst du auch schon mal«, war die Antwort. »Aber seltener. Die haben eher Probleme, zu dir zu stehen, wenn du

Scheiße gebaut hast. Da kriegst du Vorhaltungen, ein paar Beschimpfungen, und das war's dann auch. Klar gibt es ein paar Ausnahmen. Ein paar wenige, aber ...«

»Und sonst?«, fragte Tobias. »Also hier drinnen – was macht man denn da so?«

»Routine«, kam die Antwort von dem Häftling neben ihm herausgeschossen. »Reine Routine. Aufwecken und grübeln. Frühstück und grübeln. Deiner Arbeit nachgehen und grübeln. Und am Abend: nur noch grübeln. Anfangs kotzt dich das an. Immer der gleiche Ablauf und immer die gleichen Gedanken. Du gehst alle deine Taten durch, im Kopf. Wieder und wieder. Immer dieselben Bilder. Aber dann, irgendwann, gewöhnst du dich dran. An die Gedanken. An die Routine. An den ganzen Kram hier. Und das Leben draußen? Das ist nur noch ein schöner Traum, ein Wunschgedanke. Etwas aus der Erinnerung und aus deinen Grübeleien.«

Alle blickten nachdenklich auf ihn. Scheinbar hielt er diese Blicke nur schlecht aus, denn er fragte: »Jetzt mal zu euch. Was führt euch denn hierher und in euer AGT?«

»Scheiße gebaut«, antwortete Messut.

»Kann ich mir denken. Was denn so?« Nun blickte er auf Maik. »Du zum Beispiel. Darf ich dich das fragen? Warum musst du ins AGT?«

Maik zuckte zusammen. Er war überrascht, dass der Mann ausgerechnet ihn ansprach. »Bin verknackt worden dazu.«

Der Riese neben ihm lachte laut auf und schlug Maik kräftig gegen die Schulter. »Ist schon klar, Junge. Wir wollen wissen, was du getan hast.«

Frau Stenzel hob die Hand. »Du musst darauf nicht antworten, wenn du nicht möchtest.«

Den freundschaftlichen Schlag seines Nachbarn empfand Maik jedoch wie eine Bestätigung. Seine Scheu, die er bisher in diesem Raum verspürt hatte, verflog allmählich. Er verstand, dass er hier genauso offen sprechen konnte wie in der Schillerschule. Darum antwortete er: »Ist schon in Ordnung, Frau Stenzel. Ich kann die Antwort gern geben.« Und zu seinem Nachbarn gewandt sagte er: »Schlägereien. Immer wieder mal.«

»Schon öfter verknackt worden?«

Maik nickte. Und nun ärgerte er sich, dass er sich bei der Vorstellungsrunde den Namen seines Nachbarn nicht gemerkt hatte. Beinahe begann er, ihn zu mögen. Doch ihm war bewusst, dass er neben einem dreifachen Mörder saß.

»Und was war die letzte Tat? Die, die dich hierhergebracht hat?«

Maik dachte an die Nacht mit Bjarne zurück. »Ich hab ein Riesenarschloch verprügelt: Bjarne. Einen, der es schon längst verdient hatte. Einen, der ...«

Sein Nachbar hob die Hand. »Moment. Einen, der es verdient hatte? Wie kommst du darauf?«

Jetzt spürte Maik, dass er lieber doch nicht alles erzählen wollte, aber er kam nun schlecht aus dem Ganzen heraus: »Er hat mich gemobbt. Viele Jahre. In der Schule. Hat mich ständig vor allen blamiert und lächerlich gemacht. Wegen ihm hatte ich dauernd Ärger mit Lehrern und auch mit anderen Schülern.«

»Er hat dafür gesorgt, dass du dich schlecht gefühlt hast in all den Jahren?«

»Genau. Ist einiges schiefgelaufen. Früher. In der Schule. Zu Hause.«

»Und du brauchst jemanden, der dafür die Schuld trägt?«

»Ja. Nein. Ich meine ...« Maik wurde es warm. Zu warm. Dieses Gespräch verlief in eine ganz falsche Richtung!

»An diesem Tag hast du also mit Bjarne abgerechnet, ja? Du hast ihm die Quittung gegeben für das, was er dir angetan hat?«

Eigentlich wollte Maik zustimmen, doch so, wie der Mann das sagte, klang es falsch. Bevor Maik antworten konnte, sagte der Häftling: »Es gibt immer einen, der für irgendetwas die Schuld trägt. Doch wenn wir die alle verprügeln müssten, hätten wir eine Menge zu tun.«

Einer der anderen Häftlinge stimmte ihm zu: »Da hast du recht, Frank«, rief er und Maik war regelrecht dankbar für diesen Einwurf. Nun wusste er endlich wieder den Namen seines Nachbarn: Frank.

»So meine ich das ja nicht«, erwiderte Maik.

»Wie meinst du es denn dann?«, erkundigte sich Frank ehrlich. »Erklär's mir. Wir haben viel Zeit.«

Maik setzte erneut an: »Er hat meine Kindheit versaut. Und meine Jugend. Immer war ich nur der Loser für alle. Weil Bjarne das so gewollt hat. Er hat das alles so geschickt eingefädelt, dass ich keine Chance hatte, den anderen zu beweisen, wer ich wirklich bin. Dass ich was draufhabe. Dass ich ...«

»Und dann hast du mit den Schlägereien begonnen?«

»Ja. Sogar ein Motorrad-Rennen ohne Führerschein. Oder Videospiele geklaut. Für andere. Oder ...«

Maik stutzte, denn Frank erhob sich von seinem Stuhl. »Damit du es allen beweisen konntest, ja?«

»Ja!«

»Dass du KEIN Loser bist, ja?«

Maik sah an ihm hoch. »Ja, denn ich ... ich ...«

Frank stellte sich plötzlich hinter Maik und legte ihm

beide Hände auf die Schultern: »Was möchtest du uns gern sagen?«

Maik stieg das Blut in den Kopf. Er fühlte sich bedrängt. »Was ...?«

»Sag es!«, beharrte Frank. »Du weißt, was ich meine. Vorhin hast du es auch fast gesagt.«

Maik schnürte es innerlich alles zu. Er wusste genau, was Frank meinte. Frank begann, mit seinen kräftigen Händen Maiks Schultern zu drücken. »Komm, sag es. Hier. Jetzt!«

Frank wollte ihm nicht wehtun. Nein, der Druck in den Schultern war, als wolle er Maik helfen, es herauszuquetschen. Frank stand buchstäblich hinter ihm und stand ihm bei. Maik war nicht allein, als er jetzt, mit gesenktem Kopf, flüsterte: »Ich bin kein Loser.«

»Was?«, fragte Frank. »Das war zu leise. Ich hab es nicht gehört.«

Maik seufzte und setzte noch einmal an. Dieses Mal etwas lauter: »Ich ... ich bin kein Loser.«

»Jetzt hab ich's gehört. Aber Herr Brandenburger nicht. Sag es noch mal.«

»Ich bin kein Loser!« Eine Gänsehaut überzog Maiks ganzen Körper.

»Der Mann auf dem Flur hat's nicht mitbekommen.« Frank ließ nicht locker. »Sag es noch mal. Schrei es hinaus!«

In Maik brodelte es. Das Adrenalin jagte durch seinen Körper. Er spürte den bestärkenden Druck von Franks Händen auf seinen Schultern. Alle Augen waren auf ihn gerichtet, als er endlich all seinen Mut zusammennahm, den Kopf hob und schrie: »ICH BIN KEIN LOSER!«

Franks Händedruck auf den Schultern verschwand und mit ihm der Druck, der sich in Maik aufgebaut hatte. Doch die Gänsehaut blieb. Sie wurde sogar stärker, als Maik erstaunt zusah, wie sich alle anderen im Raum von ihren Plätzen erhoben und ihm applaudierten: Andy, Messut, Tobias, Katzner, Maus, Stenzel, Bahles, ja sogar Brandenburger. Sie sahen ihn begeistert an und klatschten ihm zu. Und über das Geräusch der applaudierenden Hände hinweg flüsterte Frank, der immer noch hinter ihm stand, ihm etwas ins Ohr. Dafür musste er sich ein wenig zu ihm herunterbeugen: »Es ist okay, Junge. Du musst niemandem etwas beweisen.« Und seine leise geflüsterten Worte brachten in Maik eine Saite zum Klingen. »Du bist okay. So, wie du bist.« Und dann sagte er einen Satz, der Maik ganz tief berührte. Es war ihm, als spreche Frank diese Worte direkt in Maiks Seele hinein: »Du bist nur einem einzigen Menschen Rechenschaft schuldig für das, was du tust: dir selbst!«

Das Bild der Applaudierenden verschwamm vor Maiks Augen. Maik rannen die Tränen über das Gesicht. Dicke, heiße Tränen der Erleichterung. Seine Beine wurden weich und er setzte sich auf den Stuhl. Der Applaus verebbte und alle anderen nahmen ebenfalls wieder Platz. Auch Frank. Ralph reichte ihm von der anderen Seite ein Taschentuch. Er wartete, bis Maik geschnäuzt und sich etwas gefangen hatte, dann fragte er: »Hast du jemals mit jemandem über deine Gefühle gesprochen? Damals? Heute?«

Maik schüttelte den Kopf. »Ich wollte auf keinen Fall als Memme dastehen. Als Schwächling. Ich wollte allen zeigen, dass ich was draufhabe und eben kein Jammerlappen bin.«

Ralph nickte. »Doch wohin hat dich das alles geführt?« Er wartete keine Antwort ab, sondern blickte sich in der Runde um: »Wir alle sitzen im Knast, weil wir nie über unsere Probleme gesprochen haben. Das ist das Verbrechen, das wir uns selbst gegenüber begangen haben. Alle anderen Taten resultieren einzig und allein daraus: Wir haben nie über unsere Gefühle gesprochen. Wie also hätte jemand wissen können, dass wir Hilfe brauchen? Wie soll uns jemand verstehen können, wenn wir das, was uns beschäftigt und so arg zusetzt, niemandem erzählen? All unsere ›Befreiungsschläge‹, all unsere Taten, um uns zu beweisen und uns durchzusetzen, waren ›Luftschüsse‹. Alles das wäre nicht nötig gewesen, wenn uns eines gelungen wäre: über unsere Gefühle zu sprechen.«

Maik nickte. Er wusste genau, was Ralph meinte: »Ich hab sie alle enttäuscht«, schluchzte er. »Alle: Mutter, Großvater, meine Lehrer, Freunde ...«

»Aber du hast die Chance, alles wieder ins Lot zu bringen. Du bist frei. Du siehst alle die Menschen, die dir was bedeuten. Dich hat das Leben noch nicht aufgefressen. Mach was draus, Junge!«

# 18

Ach, wann sind wir beide denn das letzte Mal spazieren gegangen?«

Maik war überrascht, wie sehr sich seine Mutter über die Einladung gefreut hatte. Nebeneinander schlenderten sie an einem lauen Spätsommertag die Anlage am Fluss entlang. Er hatte ihr absichtlich verschwiegen, wohin er sie führen wollte.

»Ein Restaurant wird es nicht sein«, vermutete sie. »So pleite, wie wir alle sind. Und ins Kino? Nicht um diese Uhrzeit. Theater?« Sie sah ihn verschmitzt von der Seite an. »Fällt ja wohl ganz flach. Bin ich gespannt. Wann sagst du es mir denn?«

Maik sah nach vorn. »Nur etwa zwanzig Schritte noch. Dann sind wir da.«

Sie schaute sich um. »Dann sind wir da? Wo sind wir denn dann?« Sie zeigte auf die grünen Liegeflächen, auf die Bäume, auf die roten Parkbänke, die immer wieder am Wegrand bereitstanden, und auf die Bootsanleger, die in größeren Abständen in den Fluss hineinragten. »Hast du ein Picknick vorbereitet?«

Maik musste lachen. »Nun warte doch mal einen Augenblick.«

Sie blickte sich erneut um, bis Maik sagte: »Wir sind da.« Zu ihrer Überraschung steuerte er einen der Bootsanleger an. Sie folgte ihm. »Touristenfahrten auf dem Fluss mag ich nicht«, meinte sie und betrat hinter ihm den Anleger.

»Das Schild ›Betreten verboten‹ hast du aber schon gesehen, oder?« Plötzlich wurde sie blass und blieb stehen: »Ist es hier gewesen?«

Maik sah ihr in die Augen. »Ich möchte dir gern alles erklären. Ich wollte dir genau berichten, was damals passiert ist. Darf ich?«

Sie stützte sich an das Geländer des Bootsanlegers und nickte stumm.

Maik zeigte auf das Ende des Anlegers. »Da hab ich gesessen«, sagte er und war überrascht, dass ihm das Sprechen recht leichtfiel. Das hatte er sich anders vorgestellt. »Es war vor fast einem Jahr, an dem Abend, an dem Opa dich so fertiggemacht hat. Als ihr aufgebracht in der Küche gestanden seid. Er hat dir ziemlich heftige Dinge an den Kopf geworfen.

»Er meint es doch auch nur gut.«

»So hörte sich das aber nicht an«, erwiderte Maik und hielt den Blick auf die Stelle gerichtet, an der alles seinen Anfang genommen hatte. »Ich hatte was getrunken. Und dann, dann hörte ich die Stimme von Bjarne.«

Die Mutter nickte und hörte geduldig zu. Maik erzählte vom Anfang bis zum Schluss. Von den Anfeindungen Bjarnes in der Grundschulzeit und später den Quälereien von Jonas in der weiterführenden Schule. Er berichtete von den peinlichen und demütigenden Situationen, in die Bjarne ihn immer wieder gebracht hatte. Und er versuchte auch, Worte für die Gefühle zu finden, die er damals empfunden hatte. Franks Mahnung klang in ihm nach: »Wir sitzen alle hier, weil wir nie über unsere Gefühle gesprochen haben.« Und genau dies wollte Maik durchbrechen. Jetzt und hier. Seine Mutter sollte wissen, was mit ihm los war. Und so berichtete er ihr von dem Angriff gegen Bjarne, an dieser

Stelle, nahe beim Bootsanleger. Er erzählte langsam und ausführlich. Obwohl er bemerkte, dass sie einige Male erschrocken zusammenzuckte. Sie sollte alles erfahren. Sie sollte ihn verstehen. Dann allerdings schwenkte er um. Er berichtete von seinem AGT. Von den vielen Übungen, die sie erlernt hatten. Von den Gesprächen, die sie geführt hatten. Er erzählte von Artur, Robert, Martin und Marcel, die es nicht geschafft hatten. Auch von seinem Gefühl, als er vor Martin am Boden gelegen und sich nicht hatte wehren können, erzählte er ihr. Und schließlich endete er mit der Übung, die sie am vergangenen Abend gemacht hatten: »Katzner und Maus hatten jede Menge kleiner Tierfiguren auf dem Boden verstreut. Bestimmt über hundert.«

»Tierfiguren?«

»Ja. Alles, was man im Zoo findet, und auch anderes, also auch Drachen oder Einhörner. Unsere Aufgabe war es, ein passendes Tier für einen der anderen zu finden und es ihm in die Hand zu drücken.«

»Hast du auch welche bekommen?«

»Andy gab mir den Löwen. Er sagt, er sei begeistert, wie ich in den letzten Monaten gekämpft hätte. Und von Messut bekam ich einen Papagei. Weil ich immer die witzigsten Sprüche bringen würde. Katzner aber hat mir einen Strauß gegeben.«

»Einen Vogel Strauß? Der mit dem Kopf im Sand?«

»Genau. Er sagte, so habe er mich anfangs erlebt: den Kopf tief im Sand, nur umgeben von meinen Problemen. Aber er sagte, jetzt sei das anders. Ich hätte den Kopf herausgezogen. Frei. Ich würde mich umschauen, sei für die anderen da und würde mir nicht mehr selbst leidtun. Er würde mich als einen Menschen erleben, der endlich sein Leben in die Hand nimmt und die Augen weit offen hat.«

Verstohlen wischte sich seine Mutter eine Träne weg. »Das hat er gesagt?«

»Der hat mich echt umgehauen. Deshalb stehen wir hier. Mir war es wichtig, dir das alles zu sagen.«

»Das AGT tut dir richtig gut, oder?«

»Anfangs dachte ich ja, das wäre wieder nur so eine Laber-Scheiße. Aber die ganzen Übungen, der Besuch im Knast, die Gespräche – das hat mich wachgerüttelt.«

»Das hab ich gemerkt«, sagte sie. »Du hast dich tatsächlich verändert in den letzten Monaten. Ist auch mir aufgefallen.«

»Bloß eine Sache habe ich bisher nicht im AGT erfahren können«, gestand er schließlich.

»So?«

»An dem Abend, als ich von diesem Angriff auf Bjarne erzählte, da stellte mir Herr Katzner eine Frage. Die Antwort hat er mir nicht gesagt. Die sollte ich selbst herausfinden. Ich hab mir auch schon den Kopf zerbrochen, glaub mir. Aber ich finde echt keine Lösung.«

»Was war denn seine Frage?«

»Wie hättest du reagieren können?«

»Er meinte, bei dem Problem mit Bjarne?«

»Genau. Was hätte ich tun können, statt rüberzugehen und mich in diese Schlägerei verwickeln zu lassen.«

Beide blickten sie zu der Stelle auf der Liegewiese, an der es stattgefunden hatte. »Und du findest keine Antwort?«, erkundigte sie sich.

»Wahrscheinlich will er von mir hören, dass ich besser fortgegangen wäre. Aber das kann doch nicht die Lösung sein. Dann hätte Bjarne ja wieder einmal gewonnen. Wieder einmal hätte er sich durchgesetzt und ich den Kürzeren gezogen. Und mit ihm reden? Das hatte ich doch versucht.

Bei einem Treffen hatte Herr Maus gesagt: ›Sucht euch Hilfe, jemanden, der mit euch durch diese Situation geht, bevor es zur Auseinandersetzung kommt‹, aber da war doch niemand außer mir und Bjarnes Leuten. Was hätte ich denn machen sollen?« Er schaute sie beinahe flehentlich an.

Sie wandte den Blick und schaute nun ihn an. »Und du kommst nicht drauf?«

Er schüttelte den Kopf. »Einfach weggehen ist feige. Und alles andere ...« Er machte eine wegwerfende Handbewegung.

Da hörten sie Schritte auf dem Bootsanleger. Beide wandten den Kopf und Maiks Gesicht hellte sich auf. »Mama, da ist jemand, den ich dir vorstellen möchte.« Er ging Julia entgegen, nahm sie an der Hand und führte sie zu seiner Mutter. »Das ist Julia. Wir beide ... Nun ...«

Die Mutter streckte die Hand aus. »Schön, dich kennenzulernen.«

Julia erwiderte den Gruß. »Ja. Danke.«

»Ihr beiden seid also zusammen?«

Julia schmiegte sich an Maik. »Ja. Eigentlich schon seit ein paar Monaten. Maik hat sich echt verändert. Das ist jetzt was Ernstes mit uns zwei. Vorher war das alles ein bisschen schwierig, aber jetzt ... Jetzt ist das anders.«

Die Mutter lächelte Maik entgegen: »Ich danke dir, Maik«, sagte sie und legte eine Hand auf seinen Arm. »Dieser Ausflug hat mir bessergetan als Theater, Kino oder Restaurant zusammen. Danke schön.«

Maik winkte ab. »Hey, Moment. Der Abend ist noch nicht vorbei.« Er griff in seine Hosentasche und zog sechzig Euro hervor. »Ich wollte euch noch zu einem Eis einladen.«

Die Mutter riss die Augen auf: »Woher hast du so viel Geld?«

»Ich hab die Spielkonsole verkauft«, sagte er, nicht ohne Stolz in seiner Stimme. »Ich hab 'nen Aushang bei der Berufsförderung gemacht und zwei Stunden später hatte ich sie auch schon verkauft. Für zehn Euro mehr, als ich gezahlt hatte. Cool, oder? Da hab ich mit dem Ding doch glatt einen Gewinn gemacht.«

Er blickte in seinen Geldbeutel, in dem nun sechzig Euro steckten. Er zog den Fünfzig-Euro-Schein heraus und streckte ihn der Mutter entgegen: »Das ist eine erste Rate für meine Schulden«, sagte er und ließ nicht zu, dass sie etwas erwidern konnte. »Und von den übrigen zehn geb ich uns ein Eis aus.«

Als er beide vom Bootsanleger herunter und in die Stadt führte, fühlte er sich frei und glücklich.

# 19

In seinem Inneren wütete ein Orkan, als Maik an diesem Donnerstag die Schillerschule betrat. Noch beim Öffnen der Eingangstür hatte er den dringenden Impuls verspürt, nach Hause zu laufen, sich im Bett zu verkriechen und sich morgen früh gleich von Dr. Zügler ein Attest geben zu lassen. Früher hätte er so etwas getan. »Bist ja heute so still«, knuffte ihm Andy auf der Treppe in die Seite. »Schiss?«

Messut kicherte von hinten. »Damit hätte der Begriff ›Heißer Stuhl‹ eine ganz neue Bedeutung.«

Alle lachten. Nur Maik nicht. Ihm lief ein Schauer über den Rücken, denn Messut hatte es ausgesprochen. Den Grund für Maiks inneres Erdbeben: Der »Heiße Stuhl« stand ihm bevor.

»Hey, da muss jeder mal durch«, sagte Tobias. »Ist mir letzte Woche auch nicht leichtgefallen. Das schaffst du!«

Maik verzog das Gesicht. Hätte er es bloß schon hinter sich.

»›Heißer Stuhl‹, das ist eine Konfrontation mit dir selbst«, hatte Katzner ihnen vor einigen Wochen erklärt. Es war eine der schwierigsten Prüfungen vor dem Abschluss des AGT.

»Da triffst du auf deine Schwachstelle«, hatte Maus ergänzt. »Auf deine Achillesferse. Deinen wunden Punkt. Nur wer sich seinen Ängsten stellt, kann sie auch besiegen.«

Maik seufzte, als er die letzten Stufen der Treppe nahm. Das hatte in der Theorie so wunderbar geklungen, aber es fühlte sich heute Abend keineswegs wunderbar an.

»Wir konfrontieren jeden von euch mit dem, was er für seine Einsicht braucht«, hatte Katzner weiter erklärt. »Das wird bei jedem von euch anders ausschauen. Es gibt sogar Schweigestühle, bei denen stundenlang niemand etwas sagt.«

Das hätte Maik gefallen. Doch ihm war klar, dass für ihn ein Schweigestuhl nicht infrage kam. Ganz bestimmt nicht.

Die aktuelle Runde schien sich wie Gummi zu ziehen. Maik hatte den Verdacht, die Zeit stelle sich gegen ihn, indem sie sich weigerte weiterzugehen. Alles stand still. Zumindest in seiner Wahrnehmung. Dann aber stand Katzner endlich auf. »Na, Maik, bereit?«

»In diesem Leben nicht mehr«, antwortete er und Katzner entgegnete nur knapp: »Na, das klingt doch super.«

Nachdem schon Andy und Tobias ihre »Stühle« hinter sich hatten, kannten alle den Ablauf. Sie stellten sich nebeneinander auf.

»Im Vorfeld, Maik, gibst du bitte jedem Teilnehmer die Erlaubnis, dich zu konfrontieren. Niemand hier will dich fertigmachen. Es geschieht alles für dich. Und wenn sich jemand im Raum befindet, den du nicht dabeihaben möchtest, sag es bitte.«

Maik nickte und drehte sich zu den anderen Teilnehmern um. Er gab jedem einzelnen die Hand. »Ich erteile dir die Erlaubnis zur Konfrontation auf dem ›Heißen Stuhl‹«, sagte er dazu und die anderen bedankten sich für diesen Vertrauensbeweis. Auch Katzner und Maus bekamen von Maik diese Erlaubnis.

»Danke«, erwiderte Katzner und wies zur Tür. »Nun warte bitte draußen, bis wir alles vorbereitet haben, ja?«

Maik fühlte sich wie ferngesteuert. Er marschierte aus

dem Raum, ohne einen Blick zurückzuwerfen. Er wusste, was gerade geschah: Die anderen stellten sich mit den Trainern in einem Kreis zusammen.

Maik schloss die Tür hinter sich und hatte das Ohr schon fest dagegengedrückt, noch bevor die Tür ins Schloss gefallen war.

»Ich denke, das Thema ist klar, oder?«, hörte Maik Herrn Katzner sprechen. »Maik hat eindeutige Signalwörter.«

»Loser«, sagte Andy rasch. »Das kann er gar nicht leiden.«

»Überhaupt alle Arten von Beschimpfungen«, hörte Maik Messut sagen. Und Tobias fügte hinzu: »Mit Beleidigungen kann er nicht umgehen.«

»Zumindest war das früher so«, wandte Maus ein und Katzner ergänzte: »Um herauszufinden, wie es heute ist, testen wir ihn auf dem ›Heißen Stuhl‹.«

Maik drückte sein Ohr noch fester gegen die Tür, als er Thomas Maus' Stimme rufen hörte: »Und wenn Maik mal aufhört, an der Tür zu lauschen, dann können wir auch anfangen.«

Augenblicklich schoss Maik das Blut in den Kopf. Er zog den Kopf zurück und ging ein paar Schritte in den Schulflur. Er hörte die anderen lachen und stellte sich ans Fenster, um der Sonne zuzusehen, wie sie über dem riesigen Schulhof unterzugehen begann. Die anderen hatten gut lachen. Er war es, dem der »Heiße Stuhl« bevorstand. Er war es, dem die Knie schlotterten.

Andys Thema im »Heißen Stuhl« war seine Einstellung zur Arbeit und seine Faulheit gewesen. Während er stets dachte, er bemühe sich, hatte er im Verlauf des »Heißen Stuhls« einsehen müssen, dass er sich selbst nur etwas vormachte und seine angeblichen bisherigen Bewerbungen bloße Fassade waren. Am Ende des Abends musste er schließlich zugeben, dass er seine Bewerbungen absichtlich nur halbherzig aufsetzte und sich bewusst nicht um Vorstellungsgespräche kümmerte. So hatte er eine Entschuldigung, dass er immer noch ohne Arbeit war.

Und Tobias? Ihm war in der Konfrontation klar geworden, dass ihm die Familie viel wichtiger war, als er es sich selbst eingestehen wollte. Zwar ging ihm alles, was zu Hause ablief, gehörig auf die Nerven, doch im Gegensatz zu seiner bisherigen Meinung, dass er auf seine Eltern pfeifen konnte, war ihm im »Heißen Stuhl« klar geworden, dass er voller Liebe an ihnen hing und viele Dinge falsch gelaufen waren, weil er sich ihnen beweisen wollte. Doch das hatte nie geklappt.

Maik hatte jetzt Tobias' Bild vor Augen, als er im AGT zu schluchzen begonnen und weinend zugegeben hatte: »Ich mag sie so sehr, die beiden. Und ich hab sie so enttäuscht!«

Die Tränen waren Tobias peinlich gewesen, doch Maik und die anderen waren begeistert, wie sehr sich Tobias geöffnet hatte an diesem Abend. Die Tränen waren ein Zeichen, dass er seinen Fehler erkannt hatte. Und sie waren ein Vertrauensbeweis den anderen gegenüber.

Langsam wurden Maik die Finger kalt. Warum nur dauerte das so lange in dem Klassenraum? Was gab es denn alles zu besprechen und vorzubereiten?

Endlich öffnete sich die Tür. Katzner streckte den Kopf heraus und sagte mit klarer und ruhiger Stimme: »Wir sind bereit. Wenn du es auch bist, können wir anfangen.«

Mit zitternden Knien folgte Maik ihm in den Raum. In der Mitte des Zimmers stand ein Stuhl. Tobias, Messut, Andy und Maus standen drumherum.

»Nimm bitte Platz«, bat Katzner und stellte sich ebenfalls

zu den anderen, bevor er mit den Worten eröffnete: »Es gibt da etwas, Maik, das wir dir sagen möchten.«

Messut stellte sich direkt vor Maik und sagte unumwunden: »Eigentlich bist du eine feige Schwuchtel!«

Maik fuhr hoch. »Was?!« Doch da fiel ihm ein, dass es eine Übung war. Er beherrschte sich und fragte: »Warum?«

»Versteckst dich hinter deinen Fäusten ...«, antwortete Messut und Andy fügte hinzu: »Oder hinter deinen Freunden ...« Tobias setzte noch einen drauf: »Wie ein kleines Schulmädchen. Statt deine Probleme anzupacken, prügelst du dich mit anderen Schwuchteln herum.«

Maiks Herz raste. Bei solchen Beleidigungen konnte er ausrasten. Aber hier musste er sich zusammennehmen. Auf keinen Fall durfte er ...

»Sag mal, Andy«, sagte Messut. »Ist das nicht typisch für Versager? Lieber draufhauen statt nachdenken?«

Andy nickte. »Machen die alle so, die Loser!«

Sie hätten Maik ebenso gut ein Messer in den Rücken rammen können. Das wäre nicht schmerzhafter gewesen. Er versuchte, nicht hinzuhören. Tobias und Katzner griffen ihn ebenfalls an. Die Wörter und Beleidigungen erreichten Maik, doch er versuchte, sie zu ignorieren. Er versuchte, in seinem Inneren einen Rhythmus zu finden. So, wie früher seine Fäuste im Rhythmus geflogen waren, so baute er nun einen Rhythmus des Ignorierens auf. »Hör-nicht-hin!«, sagte er sich selbst und schlug gleichzeitig mit der Faust den Rhythmus auf den Schenkel. »Hör-nicht-hin!« Und wieder: »Hör-nicht-hin!«

Maik senkte den Kopf und schloss die Augen, um sich besser zu konzentrieren.

Da forderte ihn Maus auf, die anderen anzublicken. »Stell dich der Konfrontation, Maik!«

Maik schaffte es nur mit Mühe. Alle Augen waren auf ihn gerichtet. Die Leute, bei denen er sich sicher gefühlt hatte, die er als neue Freunde kennengelernt hatte, denen er vertrauen konnte, bombardierten ihn mit Beschuldigungen und Angriffen und es wollte einfach kein Ende nehmen. Der frühere Beat in seinem Kopf »Versager-Verlierer-Versaut« wollte sich einstellen. Maik suchte in Andys Blicken nach Verständnis, er versuchte, Maus mit den Augen dazu zu bringen aufzuhören, aber sie machten alle unerbittlich weiter. Maik klammerte sich an dem neuen Beat fest: »Hörnicht-hin! Hör-nicht-hin! Hör-nicht-hin!« Der Rhythmus übertönte die Attacken der anderen.

Plötzlich herrschte Stille. Der aggressive Lärm im Raum und das Rauschen in seinem Kopf verstummten. Bis eine Stimme zu Maik durchdrang: »Hey, Maik, alles klar?«

Langsam tauchte Maik wieder aus seiner Konzentration auf. Er sah Thomas Maus' besorgtes Gesicht vor sich. »Alles in Ordnung?«

Maik spürte die Hitze in seinem Kopf. Und nicht nur dort. Sein ganzer Körper glühte. Er blickte an sich herab und merkte, dass seine Kleidung durchgeschwitzt war. Gerade so, als sei er über Stunden durch den Regen gelaufen. Er hob den Kopf hoch und sah die anderen, wie sie ihn anstrahlten und anlachten.

Messut schlug Maik auf die Schulter. »Mensch geil, Alter!«

Maik verstand nicht. »Was ist denn los?«

Maus lachte. »Da fragt der noch! Sitzt eine ganze Stunde auf dem Stuhl, erträgt unsere Attacken und fragt noch ...«

»Was?« Endlich sprang Maik auf und blickte zu der Uhr über der Zimmertür. »Eine ganze Stunde?« Es schüttelte ihn. Ihm war alles wie fünf Minuten vorgekommen.

Katzner griff nach seiner Hand. »Du hast es geschafft.

Eine Stunde haben wir dich bombardiert mit Dingen, die dich früher schon nach Minuten zum Ausrasten gebracht haben. Und du? Hast auf stur gestellt. Hast dichtgemacht. Hast durchgehalten. Besser geht es nicht!«

Nun klopfte ihm auch Andy auf die Schulter: »Besser geht es nicht!«

Und Tobias stimmte mit ein: »Besser geht es wirklich nicht.«

Maik verstand alles noch immer nicht so recht. Die anderen kamen nun nacheinander auf ihn zu und entschuldigten sich mit Handschlag bei ihm für die Härte in dieser Übung. Maik nahm die Entschuldigungen entgegen. Er kannte diese wichtige Geste aus Tobias' und Andys »Heißem Stuhl«, doch noch immer war er zu gefangen von dem, was geschehen war.

Das letzte AGT nach fünfundzwanzig Treffen. Maik versetzte es einen Stich ins Herz, wenn er daran dachte, dass er ab der nächsten Woche nicht mehr hierherkommen konnte. Er hatte sich so sehr an diese Treffen gewöhnt. Und auch, wenn es nicht immer leicht gewesen war, so konnte er sie doch genießen, die Treffen mit Andy, Messut und Tobias. Und der Austausch mit Katzner und Maus.

Doch heute sollte das alles sein Ende finden.

Komisches Gefühl.

»Ihr vier seid also in diesem Jahr unsere Absolventen«, strahlte Katzner freudig. »Wir haben für jeden von euch eine Urkunde dabei. Eure Bewährungshelfer und die Richterin, Frau Tünsch, haben wir informiert. Ich kann nur gratulieren: Klasse gemacht!«

Maus hob eine Hand. »Doch bevor wir euch die Urkunden geben, haben wir noch eine letzte Übung für euch.« Er erhob sich von seinem Platz. »Kommt mal bitte mit.«

Mit ein paar Zetteln in der einen Hand und einem kleinen

Schächtelchen, aus dem ein leises Rascheln zu hören war, in der anderen Hand, ging er der Gruppe voraus und führte sie durch den Flur, die Treppe hinunter, auf den Pausenhof der Schule, wo eine riesige Eiche stand, die bereits langsam ihre Blätter verfärbte und abwarf. Dort blieb er stehen.

»Hier hab ich was für euch«, sagte er und teilte an jeden einen Zettel aus. Maik erkannte, dass auf den Zetteln jeweils der Vorname der vier AGT-Teilnehmer stand. Auch das raschelnde Kästchen öffnete Maus jetzt: »Jeder nimmt sich außerdem einen von diesen Nägeln.«

Andy, Maik, Messut und Tobias griffen nacheinander in das Kästchen und warteten gespannt, was auf sie zukam.

»Kreuzigung?«, erkundigte sich Maik und Maus nickte.

»Nah dran«, sagte er, bevor er sich wieder dem Baum zuwandte. »Stellt euch bitte vor, dieser Baum stellt euer Leben dar. Die Wurzel steht dabei für eure Geburt. Die Spitze des Baumes für den Tag, der uns alle mal trifft.«

»Aha«, ulkte Maik weiter. »Dann halten wir also Sargnägel in der Hand.«

Die anderen kicherten, doch Maus ignorierte den Einwurf. »Wenn also der Baum euer ganzes Leben repräsentiert, dann sollt ihr nun einschätzen, an welcher Stelle eures Lebens ihr euch gerade befindet.«

Nun verstanden sie ihren Auftrag. Es wurde still in der Gruppe. Alle Augen waren auf diesen Baum gerichtet, der sich etwa zwanzig Zentimeter über ihren Köpfen weit auseinandergabelte.

»Und diese Gabelung?«, hakte Tobias nach. »Wofür steht die?«

»Was glaubt ihr denn?«, erwiderte Katzner.

»Das eine ist der gute Weg, der andere der schlechte«, schlug Tobias vor. »Stimmt's?«

»Das müsst ihr selbst entscheiden«, gab Maus zurück.

Tobias wandte sich an die anderen drei. »Seid ihr einverstanden? Der rechte Zweig des Baumes, das ist der Weg, wenn man es geschafft hat, also ehrlich geblieben ist, vielleicht einen Job hat. Also so was. Und der linke Zweig, der ist für ...« Es fiel ihm sichtlich schwer weiterzureden. Messut sprang für ihn ein: »Dort irgendwo sind jetzt Martin und Robert.«

»Einverstanden«, sagten Maik und Andy. Dann war es eine Weile ruhig.

Maik dachte an das Gespräch in der vergangenen Woche, als er mit seiner Mutter und Julia in der Eisdiele gesessen hatte. Wie er ihnen von seinen Plänen berichtet hatte und wie begeistert beide waren. Darum dachte er nicht mehr lange nach, sondern bat Andy: »Machst du mir eine Räuberleiter?«

Andy verschränkte die Hände ineinander und hielt sie Maik wie einen Steigbügel hin. Maik trat mit einem Fuß darauf, reckte sich in die Höhe und setzte seinen Namen ganz dicht an den Anfang des rechten Zweiges. Dann sprang er von der Räuberleiter herunter und sah es sich an. Ja, es gefiel ihm. Sein Name war an der richtigen Stelle angebracht.

Nun war es Andy, der um Hilfe bat. Durch Maiks Räuberleiter kam auch er bis an die Baumgabelung, doch er steckte seinen Namen exakt in die Mitte der Zweige, dicht unter Maik.

Messut benötigte keinerlei Hilfe. Er befestigte seinen Namen in Kopfhöhe auf dem Stamm, während Tobias seinen knapp darüber anbrachte.

Katzner zog eine Kamera hervor und fotografierte den Baum.

Maik sah mit gemischten Gefühlen darauf. Alle anderen waren auf dem Stamm geblieben. Nur er befand sich auf einem der Zweige. Für einen kurzen Moment schoss ihm das Wort »Außenseiter« durch den Kopf.

»Mag jemand etwas dazu sagen?«, erkundigte sich Maus.

Maik hob die Hand. »Ich denke, ich hab allmählich kapiert, worauf es ankommt«, sagte er und blickte zu seinem Namen. »Und ich glaube auch, dass ich ziemlich gefestigt bin. Aber mein Weg ist noch neu und deshalb hab ich mich an den Anfang des Zweiges gesetzt.«

»Wie sieht er denn aus, dein neuer Weg?«, bohrte Katzner nach.

»Ich hab mich beworben«, verkündete Maik und zog damit die Blicke aller auf sich. »Mithilfe von Frau Massem hab ich eine wirklich schöne Bewerbungsmappe zusammenbekommen. An fünf Einrichtungen hab ich sie bereits verschickt.«

»An welche denn?«, fragte Maus interessiert.

Tobias kam Maik zuvor: »Landschaftsgärtner, stimmt's? So, wie du uns ständig von dem Schrebergarten deines Großvaters vorgeschwärmt hast ...«

Maik winkte ab. »Das habe ich auch immer gedacht, doch dann wurde mir klar, dass ich Opas Garten lieber als Hobby weiterführen will. Ich hab mit ihm eine Absprache, dass wir uns jetzt jeden Samstag im Schrebergarten treffen. Wir wollen einiges umbauen und umgestalten. Ich kann bei ihm die Schulden für meine Mutter abarbeiten. Das dauert zwar noch ein ganzes Weilchen, aber das ist okay.«

»Wo hast du dich denn dann beworben?« Andy war nun richtig neugierig.

Maik druckste ein bisschen herum, bevor er endlich damit rausrückte: »Ich hab bisher nie was davon verraten, weil ich nicht wusste, wie ihr reagieren würdet. Ich möchte Pfleger werden.«

Die anderen staunten. »Echt?«

»Ich hatte euch doch von Bernd erzählt. Der Junge mit Downsyndrom aus der Schule, in der ich meine Sozialstunden abgeleistet habe. Nach langem Überlegen ist mir klar geworden, dass ich mit solchen Menschen arbeiten will.«

Messut kam einen Schritt vor. »Warum hast du nicht eher was gesagt?«

»Weiß nicht. In meiner alten Clique hieß es immer, das sei Weiberkram. Oder Pfleger sind Urinkellner oder Bettpfannen-Jongleure oder so ...«

»Quatsch«, brachte Tobias hervor. »Das ist ein total cooler Beruf. Mach das. Das passt zu dir.«

Maik freute sich über diese Reaktion. »Das also ist mein neuer Weg«, sagte er und hörte sich selbst hinzufügen: »Ich werde meinem Kumpel Alex vorschlagen, wenn er mich weiterhin sehen möchte, dann treffen wir uns nicht mehr an der Treppe bei den anderen, sondern nur noch allein. Wenn einer aus der Clique ein Freund werden könnte, dann er.«

»Das klingt doch gut«, bestätigte Katzner. »Aber warum hast du deinen Zettel nicht weiter nach oben gesetzt, sondern so eng an die Weggabelung. Du wirkst auf mich, als wärest du ein ganzes Stück weiter vorn.«

»Ehrlich gesagt, sind Sie daran schuld«, gestand Maik.

Katzner starrte ihn verblüfft an. »Ich?«

»Solange ich die Antwort nicht gefunden habe auf die Frage, die Sie mir gestellt haben, so lange weiß ich nicht, ob ich nicht doch noch mal abrutschen kann in den ganzen alten Scheiß.«

»Ach, das meinst du. Du suchst immer noch die Antwort auf die Frage, wie du bei Bjarne hättest reagieren können.«

»Genau. Ich finde sie nicht, die Antwort.«

»Belastet dich das?«

»Klar.«

»Dann lass uns einen Kompromiss schließen. Gib dir selbst noch ... sagen wir ... weitere vier Wochen Zeit. Wenn du die Antwort bis dahin nicht hast, lass uns treffen. Komm zu mir ins Büro und wir reden darüber, ja?«

Maik verdrehte die Augen. »Vier Wochen?« Er hatte gehofft, alles Grübeln hätte endlich hier ein Ende – am letzten AGT-Abend. Doch da er Katzner vertraute, willigte er ein. »Einverstanden.«

Maus wandte sich nun Andy zu. »Wie kommst du zu dieser Position? Warum bist du nicht da oben?«

»Ich bin noch nicht so weit wie Maik«, war die Antwort. »Ich suche nach einem Beruf für mich. Und obwohl Frau Massem mir wirklich behilflich ist, hab ich noch nicht das Richtige gefunden.«

»Und deine Aggressionen?«

»Ich denke, die hab ich gut im Griff. Ich hab 'ne Menge gelernt bei Ihnen beiden.«

»Klingt doch gut«, freute sich Katzner und richtete seine Frage weiter an Messut. »Und du? Wie ist es bei dir?«

»Martin«, antwortete Messut knapp. »Ich hab gesehen, wie schnell das gehen kann, dass man doch wieder zuschlägt. Ich habe echt Angst, dass mir das passiert.«

»Okay. Und beruflich?«

»Da läuft's weiterhin gut. Nichts zu meckern.«

Schließlich war Tobias an der Reihe: »Du steckst zwischen Messut und Andy.«

»Ja. So sieht's bei mir gerade aus. Ich bin hin- und hergerissen: Was will ich? Was soll ich? Was wollen die anderen von mir? Das ist ganz schön schwer. Wenn wir uns jetzt nicht mehr treffen, weiß ich nicht, ob ich nicht doch noch mal Scheiße baue. Unsere Diskussionen und die Impulse einmal die Woche, die haben mir immer gutgetan. Doch jetzt ...« Er seufzte. »Ist ein bisschen wie nach der Führerscheinprüfung. Mit dem Fahrlehrer an der Seite weiß man, dass man es kann. Aber dann sitzt man allein im Auto und fühlt sich plötzlich wieder wie ein Anfänger. So kommt mir das heute vor. Mir wird der Halt fehlen, den Sie uns gegeben haben.«

Katzner legte eine Hand auf Tobias' Schulter. »Wie lange fährst du jetzt schon Auto?«

»Drei Monate.«

»Und wie viele Unfälle hast du schon gebaut?«

»Keinen. Nicht mal einen Kratzer.«

»Und so wird es nach dem AGT auch sein. Vertrau dir selbst.«

Tobias sah Katzner lange grübelnd an.

Maiks Blick wanderte allerdings zur Astgabel in dem Baum, vor dem sie standen. Zu seinem Namensschild, das ganz oben hing. Vor wenigen Momenten noch hatte er gedacht, es spiegele seine Außenseiterposition wider. Doch jetzt musste er lächeln. Das war eine Führungsposition, auf die er dort blickte. Die anderen – und er wohl auch – fanden, dass Maik es am weitesten gebracht hatte im AGT.

Wenig später gingen sie zurück in die Klasse. Sie bekamen die Urkunden ausgehändigt, schüttelten sich gegenseitig die Hände, versprachen sich, einander nicht aus den Augen zu verlieren, doch schließlich kam der Augenblick, in dem Maik neben Andy auf der Straße stand. Vor dem Schultor. Maik blickte zu der Hausecke zurück, wo er sich vor gut einem halben Jahr noch versteckt hatte und wie ein kleiner Schuljunge ängstlich um die Ecke geschaut hatte.

»Und jetzt?«, fragte Andy plötzlich und riss Maik damit aus den Gedanken.

»Weiß nicht. Komischer Moment, oder?«

»Willst du nach Hause?«

Maik schüttelte den Kopf.

»Das ist gut. Ich wollte dich fragen, ob wir nicht das Beste aus der Situation machen könnten.«

Maik sah zu ihm rüber. »Nämlich?«

Andy lachte über das ganze Gesicht. »Feiern!«, brüllte er heraus und rüttelte Maik damit regelrecht wach. »Wir sollten feiern, dass wir diesen – wie hätte Robert es gesagt – ›Ogen-Albtraum‹ geschafft haben.«

»War ja gar kein Albtraum.«

»Stimmt. Aber feiern können wir dennoch, was?«

Sie rannten zur Haltestelle, wo gerade ein Bus einfuhr.

»Mit dem fahren wir bis Stadtmitte«, sagte Andy. »Lass uns 'ne Pizza holen oder so was, okay?«

»Klar. Bisschen Kohle hab ich noch.«

»Ich auch. Wir legen zusammen.«

Am Marktplatz sprangen sie aus dem Bus und steuerten direkt auf die Döner-Bude an der Kirche zu. »Hab ich einen Hunger«, brummte Maik. Hier gab es nicht nur Döner, sondern auch die beste Pizza der Stadt. Und dann auch noch bezahlbar.

Im Imbiss war wenig los. Andy und Maik setzten sich an einen Tisch mit vier Stühlen und griffen gleich nach der Speisekarte. Sie sprachen über Robert, Marcel und Martin und fragten sich, wie es Artur wohl ging bei seinem Entzug.

»Ich hab Katzner neulich mal gefragt«, berichtete Andy. »Wollte ich dir eigentlich längst erzählt haben. Es geht Artur wohl inzwischen ziemlich gut. Nach einigen heftigen ersten Wochen hat sich sein Körper an die Entgiftung gewöhnt und es sieht ganz danach aus, als könne Artur ...«

Ein Donnern unterbrach Andy. Mit Wucht wurde die Tür zur Döner-Bude aufgerissen und drei Jugendliche kamen herein, von denen der erste sich anscheinend in höchster Wut befand. »Dumme Sau«, beklagte er sich lautstark bei seinen beiden Begleitern. »Diese Typen sind dumme Schweine. Was muss der mich anmachen, hä?«

»Volltrottel triffst du überall«, bestätigte ihn sein Freund.

»Hat Glück gehabt, der Pisser. Wenn der nicht so schnell in seinem Auto gewesen wäre, den hätte ich plattgemacht. Mit einem Schlag. Was fällt dem ein?« Er drehte sich zu den Männern an der Theke. »Glotz nicht doof«, fuhr er sie in dem gleichen Ton an, mit dem er das Haus betreten hatte. »Drei Döner. Zackig.«

Der Mann setzte zu einer Frage an, doch der Kerl kam ihm zuvor: »Hörst du nicht, Kanake? Flott!«

Maik und Andy sahen sich an. Ohne ein Wort zu wechseln, war ihnen klar, dass diese Situation sie in Stress bringen konnte.

Ehe sie reagieren konnten, wurde Maik auch schon mit reingezogen: »Was gibt's denn da zu glotzen, ihr zwei?«

Maik und Andy wussten, was sie zu tun hatten. Sie brauchten keine Worte. Wie abgesprochen standen sie von ihrem Platz auf und marschierten zügig, ohne einen Blick zurückzuwerfen, auf die Tür zu.

»Seid ihr schwul oder was?«, tönte es hinter ihnen. »Zwei Schwuchteln laufen zu Mutti.«

Im Spiegelbild des Budenfensters sah Maik, wie der Kerl

sich breitbeinig hinter ihnen aufbaute. Maik zog die Tür auf und schob sich gleich hinter Andy nach draußen. Der Typ schrie ihnen hinterher: »Ihr kleinen Pisser, ich rede mit euch! Und wenn ihr kleinen Hosenscheißer es braucht, kriegt ihr auch was in die Fresse!« Er lief zur Tür, riss sie auf und fuchtelte mit den Armen: »Opfer seid ihr. Loser! Los kommt, wenn ihr einen Arsch in der Hose habt.«

Maik verschloss sich. Ohne dem Gepöbel weitere Beachtung zu schenken, ging er neben Andy zielstrebig aus der Situation. Weg von der Bude, weg von der Provokation. Einfach weg.

Jetzt fühlten sich die drei in der Bude erst recht provoziert, denn im Weggehen hörte Maik das Geräusch von berstendem Glas und Stühlen, die durch die Gegend geworfen wurden. Und die ganze Zeit: immer wieder donnerndes Gebrüll.

Aus der Ferne war das Martinshorn der herannahenden Polizeiwagen zu hören.

»Ah«, sagte Andy grinsend. »Hörst du, sie spielen unser Lied.«

Doch Maik lachte nicht, schüttelte nur den Kopf und brummte: »Das ist nicht mehr unser Lied.« Und endlich platzte es aus ihm heraus: »Mensch Andy, was ist denn da gerade passiert?«

Sie saßen auf der Mauer vor dem Rathaus, weit entfernt von der Döner-Bude.

Andy zog die Urkunden hervor, die er bei ihrem hektischen Aufbruch gerettet hatte. »Ich denke, wir haben uns gerade bewährt.«

Mit einem Mal hörte Maik Katzners Frage in seinem Inneren: »Wie könntest du reagieren?«

Und endlich hatte Maik die Antwort parat. Er wusste sie. Hier. Jetzt. Als hätte er noch nie daran gezweifelt. »R-A-U-S!«, sagte er laut. »Das ist die Antwort. Nichts wie raus!«

Andy wusste sofort, was Maik meinte. »Ich dachte, dann wirkst du wie ein Feigling. Hast du doch gesagt. Als läufst du vor dem anderen davon. Hättest du bei Bjarne damals weggehen sollen?«

Maik sah Andy fest in die Augen. »Ja. Unbedingt.«

»Raus! Raus aus der Situation, oder?«

Maik nickte. »Ja, raus. Ohne nachzudenken. Raus. Wenn wir beide auch nur eine Sekunde nachgedacht hätten, dann hätte ich doch wieder nur über den ›Loser‹ nachgedacht. Und wahrscheinlich hätte er mich wieder erwischt, der Brüllaffe.« Er freute sich über seine Erkenntnis und über seine neue Sicherheit: »Aber wenn du rausgehst? Dann bist du der Gewinner. Wer hat denn gerade, in der Döner-Bude, gewonnen? Früher hätte ich gesagt, es sei der Brüllaffe gewesen, weil er es geschafft hat, die anderen in die Flucht zu treiben. Doch heute sehe ich das ganz anders. Die Typen werden fett Ärger kriegen. Sie werden als Loser vor der Lynch – entschuldige –, vor Frau Tünsch stehen und nicht nur Sozialstunden bekommen. Vielleicht müssen sie ja ins AGT und ...«

»Nein«, erwiderte Andy. »Für ein AGT muss man Hirn haben. Und da war nichts zu erkennen.«

Maik lachte. »Da ist was dran. Die werden wie Schwächlinge dastehen, vor ihrer Familie. Und müssen die enttäuschten Blicke ihrer Mütter ertragen. Doch wir beide? Wir sind raus. Wir haben gewonnen. Verstehst du? Mein Namensschild hängt immer noch auf der rechten Astgabel. Ich bin nicht abgerutscht. Ich kann meine Ausbildung anfangen, Julia küssen, mit meiner Mutter frühstücken, Opa im Garten helfen und dich weiterhin treffen. Ich bin frei und kann tun, was mir guttut.« Er hielt Andy die Hand hin und Andy schlug ein. »Wir sehen uns. Tschüss.«

Er wandte sich um und freute sich schon auf das Gespräch mit Katzner. Maik würde den Trainer gleich morgen persönlich im Büro aufsuchen und ihm sagen, dass er die Antwort auf die Frage gefunden hatte. Und das noch am letzten Abend ihres AGTs.

> *Achtung: Solch ein »Heißer Stuhl« darf nur von ausgebildeten Trainern durchgeführt werden. Er ist Bestandteil eines sozialen Verhaltenstrainings im Rahmen eines Antigewalt-Trainings (AGT).*

# Epilog

Schon seit einer Stunde stand er hier, an dieser Stelle. Er hatte kaum gewagt, sich zu bewegen, aus Angst, entdeckt zu werden. Doch diese Angst war nicht die einzige, die in seinem Inneren wütete. Er wusste, welchen Weg er gehen musste. Er wusste, dass er diesen einen Schlag ausführen musste. Diesen einen nur. Buchstäblich sein Befreiungsschlag. Nach der Begegnung gestern in der Döner-Bude war ihm diese Erkenntnis gekommen. Dieser Wunsch, einen einzigen Schlag auszuführen.

Doch er wagte es kaum. Er fühlte sich wie damals vor der Küchentür, kurz bevor er mit seiner Mutter endlich einmal offen geredet hatte. Damals hätte er sich nicht vorstellen können, dass er einmal einen weitaus schwereren Weg einschlagen würde. Doch genau dies stand ihm nun bevor.

Maik hielt sich weiterhin im Schatten des Baumes versteckt und sah über die Straße hinweg auf das Haus. Die Autos waren weg, doch er hatte deutlich hinter einem der Fenster eine Silhouette gesehen. Maik war sich sicher: Er war da.

Maik stöhnte. Er seufzte. Doch dann gab er sich einen Ruck und trat aus dem Schatten hervor. Er fühlte das aufgeregt pochende Herz sogar in den Ohren. Die Angst verstärkte sich zur Panik. Er knetete seine Hände. Und dann gab er sich einen Ruck: Maik schritt auf das Haus zu. Er überquerte die Straße, ohne nach rechts und links zu schauen. Sein Blick war einzig auf die Tür gerichtet, zu der er nun die Stufen hochging.

Ein Schlag nur. Bloß einen. Den Befreiungsschlag.

Endlich stand er vor der Tür dieses so sauberen Einfamilienhauses. Maik blickte zur Klingel, die unmittelbar über dem Briefkasten hing. Darauf angebracht der Familienname und sogar alle Namen der einzelnen Familienmitglieder. Maiks Blicke richteten sich sofort auf den einen Namen, auf den es ihm ankam: Bjarne.

Er dachte an den Abend zurück vor ein paar Wochen, als er schon einmal hier gestanden hatte. Mit einem Brief in der Hand. Mit dem Opferbrief, den er nach dem AGT-Training mit den Bratzen geschrieben hatte. In jener Nacht hätte er keinesfalls den Mut gehabt, an der Tür zu klingeln, und niemals hätte er die Kraft gehabt, die direkte Konfrontation mit Bjarne auszuhalten.

Doch heute ...

Er drückte auf den Klingelknopf und hielt die Luft an. Es dauerte einen kurzen Moment, dann hörte er Schritte, die eine Treppe herabkamen und sich schließlich der Tür näherten.

In Maiks Innerem tobte ein Vulkan. Nur dieser eine Schlag. Dann war vielleicht alles vorbei.

Die Tür wurde geöffnet und Bjarne trat instinktiv einen Schritt zurück. Er schaute mit vor Erstaunen weit aufgerissenen Augen auf seinen Besuch. »Maik?«

Maik schaute Bjarne einen Moment stumm entgegen, dann hob er den Arm und hielt ihm die Hand hin. »Schlag ein«, sagte er. »Gib mir diesen einen Handschlag. Und dann lass uns mal reden, ja?«

Bjarne starrte auf Maiks ausgestreckte Hand. Dann in Maiks Gesicht. »Du, ich hab noch nie einen solch offenen und ehrlichen Brief bekommen. Als ich den vor ein paar Tagen im Briefkasten gefunden habe ... du ... erst wusste ich gar nicht, was ich ... Also: Ich hab viel darüber nachgedacht, was passiert sein muss, dass du mir so etwas schreibst.«

Voller Respekt legte er seine Hand in Maiks, bevor er sich zur Seite bewegte. »Komm rein.«

Und Maik war überrascht, wie leicht ihm der Schritt in dieses Haus fiel.

Carry Slee

# Schrei in der Stille

Schule kann so viel Spaß machen. Doch für Jochen ist jeder neue Schultag die Hölle. Täglich wird er von seinen Mitschülern grausam gequält. Bis er nur noch einen Ausweg sieht: Er begeht Selbstmord.

Auch für David ist Schule schlimm, denn er hat nicht genug Mut, um Jochen zu helfen. Doch als Jochen stirbt, wacht David auf: Er lernt, sich zu wehren und andere zu verteidigen.

184 Seiten • Taschenbuch • ISBN 978-3-401-51063-7 • www.arena-verlag.de

Jessica Gehres

# Euer Hass hat kein Gesicht
## Mein Leben im Schatten des Cyper-Mobbing

»Du bist dumm. Du bist fett. Du bist hässlich.« Jessica war zwölf Jahre alt, als die Beschimpfungen anfingen. Nur weil Jessica sich schützend vor ein anderes Mädchen gestellt hatte. Jahrelang war sie den Anfeindungen ihrer Mitschüler ausgesetzt. Viele Schüler machten mit, aber durch die Anonymität des Internet blieben einige der Täter unentdeckt. Jessica schämte sich, glaubte die Lügen irgendwann selbst. Erst als Jessica die Schule wechselt, haben die Demütigungen ein Ende.

160 Seiten • Klappenbroschur • ISBN 978-3-401-60115-1 • www.arena-verlag.de

Annelies Schwarz

# Klippenmond

Lars prügelt sich und provoziert, wo er nur kann. In seiner Klasse mag ihn deshalb keiner – nur Sevim, seine türkische Freundin hält zu ihm und versteht ihn. Deshalb freuen sich die beiden auch riesig auf die Klassenfahrt nach Cornwall. Endlich können Lars und Sevim viel Zeit miteinander verbringen. Doch da trifft es sie wie ein Schlag ins Gesicht: Lars wird von der Reise ausgeschlossen.

176 Seiten • Taschenbuch • ISBN 978-3-401-02750-0 • www.arena-verlag.de